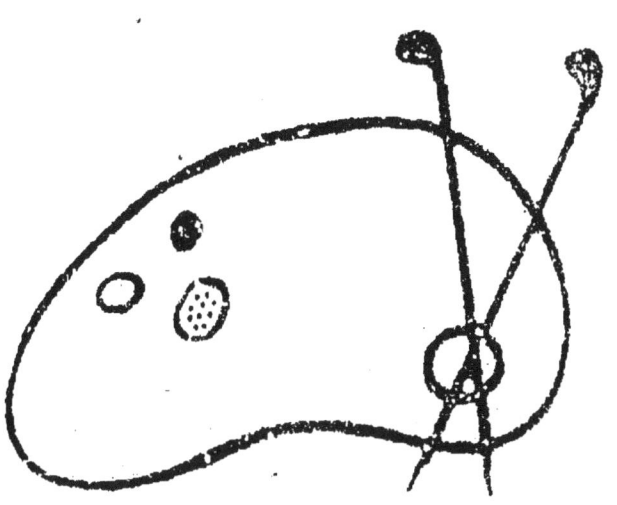

Couvertures supérieure et inférieure
en couleur

BIBLIOTHÈQUE DES ÉCOLES CHRÉTIENNES
3ᵉ SÉRIE

LES AVENTURES
DU
COUSIN JACQUES
OU
LES RÉCITS DU GRAND-PÈRE

PAR JUST GIRARD

TOURS
Aᵈ MAME ET Cⁱᵉ, IMPRIMEURS-LIBRAIRES

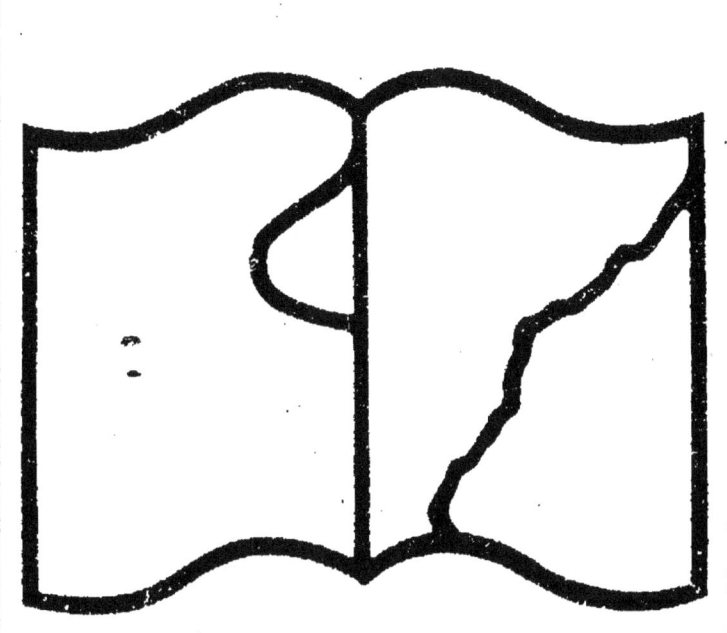

Texte détérioré — reliure défectueuse
NF Z 43-120-11

BIBLIOTHÈQUE DES ÉCOLES CHRÉTIENNES — 3ᵉ SÉRIE

Adèle, ou l'honnête ouvrière, histoire contemporaine.
Ambition et Simplicité, par Mᵐᵉ Césarie Farrenc.
Ange de Charité (l'), par Mˡˡᵉ Rose Sennet.
Angèle, par Marie S. Leroyer de Chantepie.
Aventures (les) du cousin Jacques, par Just Girard.
Blanche et Isabelle, par Théophile Ménard.
Cloche cassée (la), par Just Girard.
Clotilde de Bellefonds, par Stéphanie Ory.
Comtesse de Mercœur (la), par Stéphanie Ory.
Dots (les), par Eugène Nyon.
Écolier vertueux (l'), par M. l'abbé Proyart.
Expéditions portugaises aux Indes Orientales, par L. Candau.
François, ou les Dangers de l'indécision, par Just Girard.
Génie de Buffon, par un ecclésiastique.
Gloire et Noblesse, par Eugène Nyon.
Hélène, par Mᵐᵉ Grandsart.
Henriette de Saint-Gervais, par Mᵐᵉ la Cᵗᵉˢˢᵉ de la Rochère.
Hermance, ou l'Éducation chrétienne, par M. l'abbé P.
Huit jours de pluie, par Mᵐᵉ Th. Midy.
Jean-Pierre, ou Une bonne première Communion.
Leçons d'une Mère (les), par Charles Malo.
Léon et Alice, par Théophile Ménard.
Madone de la forêt (la), par Marie Muller.
Mathilde et Marthe par Mᵐᵉ Valentine Vattier.
Passeur de Marmoutier (le), par Just Girard.
Paul Davadan, par Just Girard.
Père Tropique (le), ou la première Campagne de Pierre Maulny.
Petit Homme noir (le), ou Ne défigurez pas l'image de Dieu.
Pierre Chauvelot, par Just Girard.
Pieuse Paysanne (la), ou Vie de Louise Deschamps.
Recueil de contes moraux à l'usage des jeunes filles.
Sabotier de Marly (le), épisode de la jeunesse de Louis XIV.
Scènes instructives et amusantes, par Léon Forster.
Sidonie, ou Orgueil et Repentir, par Mᵐᵉ Valentine Vattier.
Souvenirs de Charité, par le comte de Falloux.
Souvenirs des temps Mérovingiens, par J.-J.-E. Roy.
Souvenirs du Sacré-Cœur de Paris.
Théodule, ou l'Ami des malheureux, par Mᵐᵉ C. Farrenc.
Trois Nouvelles, par l'abbé Paul Jouhanneaud.
Turenne (histoire de), par l'abbé Raguenet.
Une Famille Créole, par Just Girard.
Une Vertu par Histoire, par Mᵐᵉ Th. Midy.
Vacances à Fontainebleau (les), par Mᵐᵉ Camille Lebrun.
Vengeance Chrétienne (la).
Voyages dans l'Hindoustan, par E. Garnier.
Voyages et Découvertes en Océanie, par N.-A. Kubalski.
Yvonne, ou la Foi récompensée, légende bretonne.

BIBLIOTHÈQUE

DE LA

JEUNESSE CHRÉTIENNE

APPROUVÉE

PAR MGR L'ARCHEVÊQUE DE TOURS

—

4e SÉRIE IN-12

PROPRIÉTÉ DES ÉDITEURS

L'oncle Antoine saisit deux pistolets et crie : « A moi, Médor. »
(P. 75.)

LES AVENTURES
DU
COUSIN JACQUES

OU

LES RÉCITS DU GRAND-PÈRE

PAR JUST GIRARD

NOUVELLE ÉDITION

> Père et mère honoreras,
> Afin de vivre longuement.

TOURS
ALFRED MAME ET FILS, ÉDITEURS

1877

LES AVENTURES

DU

COUSIN JACQUES

CHAPITRE I

SERVANT D'INTRODUCTION

Dans un village de la Sologne dont j'ai oublié le nom, vivait il y a quelques années un vieux bonhomme connu dans tout le pays, et à plusieurs lieues à la ronde, sous le nom de grand-père Guillaume. Il était plus que septuagénaire, mais encore vigoureux pour son âge; il n'avait d'autre infirmité qu'un catarrhe chronique, qui le fatiguait quelquefois, sans cependant le faire trop souffrir. Quand une quinte de toux un peu plus violente qu'à l'ordinaire l'avait tourmenté, il avalait quelques pilules ou un verre de sirop, en disant gaiement : « C'est mon ennemi, qui m'emportera un jour ou l'autre, je le sais bien ; mais, pour que ce soit le plus tard possible, faut le traiter avec douceur, et comme on ferait d'un ami. »

Le grand-père Guillaume, ou, pour l'appeler de son véritable nom, Louis-Guillaume Barlier, avait eu une vie laborieuse et mêlée de bien des vicissitudes. A force de travail, d'ordre, d'économie et de probité, il avait élevé six enfants, tous aujourd'hui convenablement établis dans le bourg ou dans le voisinage, et il lui restait encore un revenu personnel suffisant pour le faire vivre honorablement le reste de ses jours.

De tous ses enfants, un seul, l'aîné, Louis Barlier, était resté avec lui ; mais il avait eu le malheur de le perdre cinq ans après son mariage avec la fille d'un riche fermier de Selles-sur-Cher. La jeune veuve avait continué d'habiter avec son beau-père, ainsi que ses deux fils, Pierre et Paul Barlier, dont le premier avait quinze ans et l'autre treize, à l'époque où j'ai connu cette famille. L'aînée des filles du grand-père Guillaume avait épousé un de leurs voisins, nommé Matthieu ; trois enfants étaient nés de cette union : Anatole, François et Joseph, un peu plus jeunes que leurs camarades et cousins Pierre et Paul Barlier. La plus jeune des filles s'était mariée avec M. Humbert, le percepteur de la commune ; aussi l'appelait-on madame Humbert, tandis que sa sœur était la maîtresse Matthieu, et sa belle-sœur la maîtresse Barlier tout court. Il y avait eu une troisième fille entre les deux sœurs dont nous venons de parler ; mais elle était morte à l'âge de douze ans. Mentionnons, seulement pour mémoire, que Mme Humbert avait trois petits enfants, dont l'aînée était une fille de dix à onze ans. Enfin il y avait encore deux garçons ; mais ceux-ci étaient établis, l'un à Salbris, en qualité de médecin vétérinaire ; l'autre à Saint-Aignan, où il faisait le commerce des grains et des farines.

Tous les dimanches à compter de la Toussaint, le grand-père Guillaume réunissait chez lui ses enfants et ses petits-enfants dans un repas de famille. Ceux mêmes de Salbris et de Saint-Aignan s'y rendaient, si le temps n'était pas trop mauvais. Après le souper, quelques voisins et amis se joignaient à la famille, et passaient la soirée avec elle. Rien, comme on le pense bien, ne ressemblait dans ces réunions à ce qu'on appelle une soirée dans le monde. Personne n'y apportait la prétention de plaire ou de briller par la toilette ou par l'esprit, et cependant la gaieté la plus franche, la plus vive et la plus décente y régnait sans partage. Les jeunes gens chantaient ou dansaient des rondes, sous les yeux des mamans, qui suivaient du regard leurs mouvements joyeux et s'associaient parfois à leurs gais refrains; les papas causaient ensemble en fumant leurs pipes; et la soirée se terminait en buvant du vin doux et en mangeant des châtaignes.

C'était le moment impatiemment attendu par les enfants et même par les grandes personnes, pour demander au grand-papa Guillaume quelques histoires ou quelques contes amusants, dont il avait un répertoire amplement fourni. J'ai assisté plusieurs fois à ces réunions, où j'avais été introduit par M. Humbert, le percepteur, que je connaissais depuis longtemps; j'ai entendu souvent de ces récits du bon papa Guillaume; quelques-uns portaient le cachet d'une originalité remarquable; tous renfermaient des traits d'une morale irréprochable, et il était facile de reconnaître que le conteur n'avait d'autre but, tout en les amusant, que d'instruire ses petits-enfants, et de leur donner de salutaires conseils et d'utiles leçons. Je publie aujourd'hui un des récits qui m'ont le plus frappé; s'il plaît à mes lecteurs habituels, je leur en donnerai plus tard quelques autres puisés à la même source.

Le dimanche 31 octobre 1847, par conséquent veille de la Toussaint, je fus invité à la première soirée annuelle du grand-père.

En raison de la fête du lendemain, cette soirée devait être double, c'est-à-dire que nous devions encore nous réunir le jour suivant. Aussi, quand vint l'heure de conter des histoires, les enfants demandèrent à leur grand-papa de leur en raconter une bien longue, qui ne finirait que le lendemain. Après quelques instants de réflexion, comme s'il eût cherché dans sa tête le sujet de son récit, le vieillard dit en souriant : « Je le veux bien, mes enfants ; en ce cas, je vais vous raconter les aventures de notre cousin Jacques, si toutefois cela peut vous intéresser, car il y en a quelques-uns d'entre vous qui en connaissent déjà une partie.

— Ça ne fait rien ! ça ne fait rien ! Oui, oui, les aventures du cousin Jacques. Tel fut le cri qui partit simultanément de toutes les petites bouches de l'assemblée. Alors le bon papa commença ainsi :

« Avant de vous parler du cousin Jacques, il faut, mes enfants, que je vous dise quelques mots de ma propre histoire, comme étant la préface obligée de celle de mon cousin.

Je n'avais que dix ans quand j'ai eu le malheur de perdre mon père ; j'étais l'aîné de la famille ; ainsi vous pouvez juger de l'âge que pouvaient avoir mon frère et mes deux sœurs, qui venaient après moi à des distances assez régulières, de deux ans en deux ans. Nous ne pouvions donc être d'aucun secours à notre mère ; loin de là, nous étions une charge qui pesait lourdement sur la pauvre veuve. Cependant, mettant sa confiance en Dieu, elle ne perdit pas courage, et elle lutta avec d'héroïques efforts contre les difficultés de sa position. Tout d'abord elle songea à nous donner une éducation en rapport avec notre condition ; elle nous envoyait régulièrement à l'école et au catéchisme ; mais elle ne se contentait pas de cette instruction extérieure ; elle s'appliquait à nous inspirer dès l'âge le plus tendre la connaissance et l'amour de Dieu ; elle nous recommandait surtout une dévotion particulière envers la très-sainte Vierge, dont la protection, nous disait-elle souvent, si nous l'invoquions avec confiance, ne nous ferait jamais défaut. Pour ma part, mes enfants, je sens que j'ai conservé intacts ces principes et ces sentiments religieux, sucés, pour ainsi dire, avec le lait maternel ; ils m'ont été d'un grand secours dans les vicissitudes d'une longue vie passée au milieu d'épouvantables révolutions, à des époques funestes où j'ai vu la religion proscrite, ses ministres et ses sectateurs exposés à tous les genres de persécutions... Mais pardon, mes enfants, je me laisse aller sans le vouloir hors de mon sujet. Nous n'aurons peut-être que trop souvent occasion de parler de ces temps malheureux ; il est inutile d'en faire le sujet d'une digression déplacée.

Au fur et à mesure que chacun de nous, garçon ou fille, avait fait sa première communion, la mère l'employait, selon ses forces et son aptitude, à l'aider dans les travaux de la maison. Moi, je n'étais pas très-robuste, et à quatorze ans à peine paraissais-je en avoir douze ; j'aurais été incapable de me livrer au travail des champs, mais j'avais une très-bonne écriture, je savais parfaitement calculer, et ma mère m'employait avec avantage à la comptabilité de la ferme. Mon frère, de deux ans plus jeune que moi, était beaucoup plus fort et prenait une part active aux travaux agricoles. Mes sœurs secondaient ma mère dans les soins à donner à l'intérieur du ménage. Notre vie s'écoulait paisiblement et gaiement, grâce à la régularité des travaux dont elle était remplie, quand un événement inattendu vint tout à coup rompre la monotonie de notre existence.

Nous avions un oncle, nommé Antoine Barlier, frère aîné de notre père, mais qui depuis longtemps avait quitté le pays, et n'y faisait que de rares apparitions, lorsque des circonstances imprévues l'y appelaient. Cet oncle était marchand mercier ambulant ; et depuis plus de trente ans il exerçait ce commerce dans une partie de la Normandie, dans le Perche, la Beauce, l'Orléanais, la Sologne, la lisière du Berri le long du Cher, la Touraine le long de la Loire jusqu'en Anjou, d'où il regagnait les bords de l'Orne et la ville de Laigle, où il avait fixé son domicile réel.

Trente ans de travaux et de probité lui avaient valu la confiance de la nombreuse clientèle répandue sur tout son parcours, et quand il élevait sa petite boutique dans une foire, il était toujours sûr d'un débit rapide et avantageux. Aussi le père Antoine passait-il pour avoir amassé un magot des mieux conditionnés, et chacun félicitait le fils unique d'Antoine, qui devait un jour être le seul et heureux possesseur de cet héritage.

Ce fils unique était précisément notre cousin Jacques. A force de s'entendre répéter qu'il serait riche un jour, qu'il n'aurait pas besoin de travailler pour vivre, il voulut cesser tout travail et jouir par anticipation de la fortune qu'il devait posséder plus tard. Après mainte et mainte escapade, dont nous reparlerons ailleurs avec quelques détails, le cousin Jacques avait fini par prendre la fuite avec un sergent recruteur (notez que ceci se passait en 1786), en emportant une portion notable du *magot* paternel. Le père, après de vains efforts pour le ramener, ayant appris qu'il s'était engagé dans un régiment de hussards, résolut de l'abandonner complétement à son sort, attendant, pour lui rouvrir ses bras, que, comme un autre enfant prodigue, la misère et les remords le ramenassent sous le toit paternel. Mais ce retour pouvait se faire longtemps attendre, peut-être même ne jamais s'effectuer. Dans cet intervalle, le commerce du père Antoine souffrait de l'absence de son *associé* (car il l'avait associé depuis quelque temps à son commerce, dans l'espoir de l'encourager). Ajoutons que le cousin Jacques, quoique fort peu laborieux de sa nature, avait trouvé le secret de se faire aimer de toutes les pratiques de son père, par ses manières engageantes et ses saillies spirituelles ; enfin, une dernière considération, Jacques tenait seul les livres; car son père savait à peine signer son nom, et pour tous ses calculs de comptabilité il s'en rapportait à sa mémoire. Mais on comprend que, malgré la sûreté de cette mémoire, elle pouvait être sujette à erreur, et d'ailleurs elle aurait difficilement fait foi en justice. Mon oncle avait donc besoin d'un jeune homme de confiance, sur lequel il pût entièrement compter, et qui prît soin de ses intérêts comme lui-même. Or celui sur qui il avait jeté les yeux pour remplir cette tâche importante, c'était moi.

Quand ma mère apprit le motif de la visite de mon oncle, elle en fut d'abord épouvantée, et elle s'apprêtait à refuser net sa proposition ; car elle croyait que j'aurais pour compagnon mon cousin Jacques, qui depuis longtemps s'était fait une réputation déplorable, dont le bruit était parvenu jusqu'à ma mère. Mais quand mon oncle lui raconta, avec des larmes dans la voix, tout ce qu'il avait eu à souffrir de son fils, et la manière dont il l'avait abandonné en le volant, elle fut émue de compassion. « Non, dit-il à ma mère, si j'avais encore eu Jacques avec moi, je n'aurais jamais eu la pensée de vous demander votre fils, parce que le mien étant plus âgé que le vôtre, ayant acquis une plus grande expérience du mal, aurait pu facilement le corrompre ; mais je vous promets de veiller sur votre enfant, le fils de mon frère, avec une sollicitude toute paternelle, et éclairée par mes fautes et mes négligences à l'égard de mon propre fils. Ce qui a perdu le mien ç'a été ma trop grande

faiblesse pour lui pendant son jeune âge,
et mes absences continuelles nécessitées par
mon commerce, et qui ne me permettaient
pas de veiller sur lui comme je l'aurais dû.
Puis sont venues les mauvaises connaissances, les mauvaises fréquentations, qui
l'ont peu à peu entraîné dans l'abîme. Guillaume, mon neveu, n'aura pas les mêmes
dangers à courir ; élevé sous vos yeux, il est
imbu des principes qui malheureusement ont
manqué à son cousin ; puis, comme il ne sera
considéré que comme simple commis à gages,
les flatteurs, les parasites qui ont perdu
son cousin, ne songeront pas à s'attaquer
à lui. D'ailleurs je serai là pour y veiller.
Maintenant, ma sœur, écoutez ce que je me
propose de faire pour votre Guillaume. Il
commencera effectivement par faire son apprentissage comme simple commis ; mais si,
quand il aura atteint sa dix-huitième année,
il continue à se bien comporter, je l'associerai à mon commerce aux mêmes conditions
que j'y avais associé mon fils. Si, par la suite,
Jacques revenait repentant et corrigé (ce
dont j'ai malheureusement bien des raisons

de douter), il rentrerait dans l'association pour un tiers seulement. Enfin poussons les éventualités jusqu'au bout, ajouta-t-il en soupirant profondément : si, ce qui pourrait fort bien arriver, il ne revenait jamais, alors ma succession se partagerait naturellement en deux portions, dont moitié appartiendrait à Guillaume comme mon associé, et l'autre moitié se partagerait entre vos autres enfants, désormais devenus mes seuls héritiers. »

Je n'avais pas assisté, comme on le pense bien, à cette conversation de mon oncle et de sa belle-sœur ; ce n'est que longtemps après que j'en ai connu les détails, dans des circonstances dont je vous parlerai plus tard. Ma mère, enchantée de la perspective, quoique éventuelle, qui s'ouvrait pour ses enfants, et touchée encore par d'autres raisons que lui donna mon oncle, accorda enfin son consentement, et mon départ fut fixé au surlendemain, la journée suivante devant être en entier consacrée aux préparatifs d'un si long voyage.

Sans doute j'avais la larme à l'œil en embrassant ma mère, mon frère et mes jeunes sœurs ; mais l'idée de voyager, de voir du pays, l'emporta bientôt sur tout autre sentiment, et je m'élançai avec joie dans l'espèce de carriole qui servait à mon oncle de voiture de transport et de magasin ambulant. Sa tournée tirait à sa fin, ses assortiments de marchandises commençaient à lui manquer, et il avait hâte de rentrer en Normandie ; aussi nous marchâmes presque sans nous arrêter, hors le temps nécessaire pour faire prendre au cheval un repos indispensable, et environ quinze jours après notre départ de la maison nous arrivions à Laigle, principal siége des affaires de mon oncle.

Pendant tout le temps de notre trajet, mon oncle ne m'avait pas dit un mot du cousin Jacques, et, d'après les conseils de ma mère, j'avais gardé envers lui la même discrétion. Quand nous fûmes arrivés à destination, il me montra les livres tenus par Jacques, et, après me les avoir fait étudier, il me demanda si j'en connaissais le mécanisme. Je répondis que oui, et je lui en donnai aussitôt la preuve, en écrivant régulièrement toutes les opérations qu'il avait faites dans sa dernière tournée, et dont tous les éléments n'existaient que dans sa mémoire. Mon oncle fut enchanté, et il m'annonça qu'il fallait me mettre aussitôt au courant de l'achat d'abord, puis de la vente des marchandises. Dès le lendemain il me conduisit dans la plus forte fabrique de Laigle, et me présenta au patron de cette importante manufacture.

« Jeune homme, me dit ce dernier, il est bon que vous connaissiez en détail la fabrication d'une marchandise dont votre oncle me vend chaque année d'énormes quantités, ne serait-ce que pour faire comprendre à vos pratiques combien de travaux président à la confection d'un objet aussi minime et cependant vendu à si bon marché. » Je ne demandais pas mieux que de visiter ses ateliers, et, conduit par mon oncle, je passai une grande partie de la journée à suivre les travaux de cette usine; j'y suis revenu plusieurs fois depuis, et je me suis rendu un compte aussi complet que possible de cette fabrication. »

En ce moment la plupart des jeunes gens

et surtout des jeunes filles, voire même quelques mamans, demandèrent au bon papa Guillaume des détails sur la fabrication des aiguilles et des épingles. « Nous nous servons, disaient-elles, journellement d'aiguilles et d'épingles, et nous ne serions pas fâchées de connaître un peu comment on les fait. — Ni nous non plus, ajoutèrent les jeunes gens; car ce doit être quelque chose de très-curieux.

— Je le veux bien, reprit le grand-père; mais cela va nous faire perdre le fil des aventures du cousin Jacques.

— Bah! vous n'avez pas encore commencé, observa Mme Matthieu, et puis c'est demain encore fête; ainsi vous avez bien le temps de nous servir ce hors-d'œuvre, et d'achever les aventures de votre cousin; cela jettera de la variété dans votre récit, et en même temps nous fera connaître un travail qu'on dit fort intéressant.

— Comme vous voudrez, mes enfants; c'est pour vous amuser, et aussi pour vous instruire, que je vous raconte mes histoires, et dès l'instant que quelque chose peut vous plaire, je m'empresse de vous satisfaire. Je commence donc sans autre préambule, et nous entrerons en pleine fabrique. »

CHAPITRE II

Les aiguilles et les épingles.

« Un ouvrier prend un fil d'acier de la grosseur que doivent avoir les aiguilles qu'il s'agit de faire, et, au moyen d'un ciseau, il coupe ce fil par tronçons ayant le double de la longueur des aiguilles voulues.

Les tronçons résultant de cette opération très-simple passent aux mains d'un autre ouvrier, qui les aiguise par leurs deux extrémités sur une meule de grès. Un troisième ouvrier s'empare alors de ces tronçons, et il en passe les pointes, pour les adoucir, sur une meule de bois enduite d'une légère couche d'huile saupoudrée de poudre d'émeri.

Il résulte de ces deux opérations des aiguilles à deux pointes et sans tête ; survient un nouvel ouvrier, qui les coupe par le milieu.

Jusqu'ici il n'a fallu aux divers opérateurs qu'un peu d'habitude et une dextérité fort médiocre ; nous allons voir maintenant les difficultés surgir, pour se faire vaincre par l'intelligence et la puissance de la volonté de l'homme.

Des sébiles sont remplies de ces aiguilles pointues par un bout, obtuses par l'autre ; un ouvrier les prend par pincées entre le pouce et l'index de la main gauche, et telle est sa dextérité, que toutes les pointes de la pincée qu'il tient se trouvent réunies et serrées entre ses doigts, tandis que les têtes s'écartent en éventail. L'ouvrier pose alors horizontalement ces têtes sur un *tas* (petite enclume), et il les aplatit avec un marteau. C'est ce qu'on appelle *palmer les aiguilles*.

Cette opération du *palmage* ayant nécessairement durci (*écroui*, en termes techniques) la matière, il serait impossible d'aller plus loin si on ne pouvait l'amollir, ce à quoi on parvient en la faisant *recuire* au feu.

Voilà donc les aiguilles appointées, coupées, palmées, recuites; il semble que l'on touche au but, à la fin, et pourtant on en est bien loin encore; vous allez voir.

Non-seulement les aiguilles sont plates par la tête, mais sur chacune de leurs faces planes est imprimée une sorte de cannelure en gouttière, qui a pour mission de tenir le fil étendu dans une direction longitudinale, sans augmenter le volume du corps de l'aiguille elle-même. Ces cannelures constituaient autrefois une opération difficile et lente, car elle se faisait à la lime; grâce au progrès, c'est maintenant une chose simple, qui s'accomplit à l'aide d'un balancier faisant jouer à la fois deux poinçons qui pressent et creusent l'aiguille des deux côtés.

Mais il résulte de cette opération une nouvelle difficulté, c'est qu'en pressant la matière pour la canneler on l'*écrouit* (durcit), et qu'en cet état l'aiguille qu'on voudrait percer se casserait infailliblement; il faut donc de nouveau l'amollir en la soumettant au feu.

Cela fait, les aiguilles changent encore de

mains et passent à celles d'un nouvel ouvrier, qui, les prenant une à une, les place sur une masse de plomb, appuie sur une des cannelures un poinçon d'une dimension proportionnée, et frappe sur ce poinçon avec un marteau; puis il retourne l'aiguille, et opère de la même manière sur l'autre côté de la cannelure. Mais ces deux coups bien frappés ne suffisent pas pour que l'aiguille soit percée à jour; il lui reste dans l'œil un fragment, qu'un autre ouvrier est chargé d'enlever à l'aide d'un poinçon plus aigu; c'est ce qui s'appelle *troquer* les aiguilles.

Tout cela est fort simple en apparence; mais entrons un peu dans l'intimité des choses, et nous allons voir des merveilles.

Mes enfants, suivez-moi par la pensée. Nous venons de passer devant tous les travailleurs dont je vous ai dit la tâche; nous voici devant les perceurs d'aiguilles. Or ces perceurs sont des enfants de dix à quatorze ans, qui, tout en se livrant à leurs travaux, et perçant, sans jamais faillir, des aiguilles de la ténuité d'un fil de soie, trouvent parfois le moyen de sacrifier quelques instants au jeu.

« Hé! Barnabé! dit un de ces jeunes travailleurs pendant un moment de repos, je te joue six billes à la *perce*.

— Ça va, » répond l'autre.

Alors le premier interlocuteur s'arrache un cheveu, le place sur sa masse de plomb, le presse sous son poinçon, et d'un coup de marteau le perce comme il eût fait d'une aiguille.

Mais ce tour, d'une adresse incroyable, ne le rend pas vainqueur; le cheveu percé, l'adversaire a encore du champ. Voyez : à son tour il s'arrache un cheveu, le roule dans ses doigts ; puis, le poussant avec la rapidité d'une flèche, il le fait passer dans le trou fait à l'autre cheveu, comme on passe un fil dans une aiguille : s'il le fait passer du premier coup, il a gagné; s'il échoue, il a perdu ; de même que le premier perd s'il n'a pas percé son cheveu du premier coup.

Que vous semble, mes enfants, d'un pareil jeu ? N'a-t-il pas quelque chose de féerique, de merveilleux, qui vous éblouit, qui vous donne le vertige ?

— Oh! ça, c'est vrai, bon papa, s'écria

Pierre Barlier, et il faut que ce soit vous qui nous disiez de pareilles choses pour que nous le croyions ; mais il est probable qu'il ne se rencontre pas souvent de jeunes ouvriers capables de faire un pareil tour d'adresse.

— C'est une erreur, reprit le grand-père ; la plupart des ouvriers perceurs exécutent ce tour, et chaque jour on peut le voir faire aux petits ouvriers de toutes les fabriques de Laigle. Votre cousin Jacques lui-même, qui se plaisait à toutes sortes d'excentricités, ayant vu et admiré comme moi l'adresse de ces perceurs d'aiguille, voulut les imiter, et, au bout de très-peu de temps, il exécuta ce tour avec autant d'habileté que les anciens.

Revenons maintenant aux opérations ordinaires.

Le trou ou *chas* de l'aiguille est fait, ou, pour nous servir de termes techniques, l'aiguille est *troquée*. N'allez pas croire pourtant que tout soit fini. D'abord, le trou étant ainsi percé à froid, il en résulte des arêtes ou des bavures tranchantes qui couperaient le fil et empêcheraient l'instrument de fonctionner. Il faut donc ébarber ces arêtes ou bavures, puis en même temps faire ce qu'on appelle *le chapeau de l'aiguille,* c'est-à-dire arrondir le bout aplati de sa tête.

Vient ensuite l'opération de la trempe, qui est une des plus difficiles et des plus importantes à cause de la précision qu'elle demande; car, si la trempe n'est pas assez dure, l'aiguille plie et ne se redresse point; si, au contraire, la trempe est trop dure, l'aiguille se casse comme du verre. Voici comment on procède à cette opération.

L'ouvrier trempeur range les aiguilles sur un fer plat courbé à l'une de ses extrémités; puis, avec des pinces, il saisit ce fer par l'extrémité opposée; il le pose sur un feu de charbon très-ardent, et l'y laisse jusqu'à ce que les aiguilles aient atteint le degré de chaleur convenable; puis il l'enlève, et jette les aiguilles dans un bain d'eau froide. La difficulté consiste à saisir le moment précis où le fer doit être enlevé du feu, et comme rien ne l'indique, ce n'est que par une longue expérience que l'ouvrier peut acquérir sur ce point les connaissances nécessaires.

S'il arrive que la trempe soit trop dure,

on y remédie en faisant *recuire* les aiguilles, c'est-à-dire qu'en les retirant de l'eau on les place dans un poêle de fer posé sur un fourneau, et qu'on laisse chauffer pendant un temps plus ou moins long, ce qui suffit pour les rendre moins cassantes sans rien leur ôter de leur élasticité.

Mais la trempe trop forte a un autre inconvénient ; elle courbe les aiguilles, et le *recuit* ne les redresse point ; il faut donc après cette dernière opération les redresser une à une au marteau.

Enfin, l'aiguille a la forme voulue, mais elle est noire, rugueuse ; il faut la polir. Pour cela, on répand sur un morceau de treillis neuf de l'émeri réduit en poudre, puis on range, par petits paquets, sur ce treillis, dix à douze mille aiguilles ; on les couvre d'une nouvelle couche de poudre d'émeri, et l'on arrose le tout d'une certaine quantité d'huile. On roule ensuite le treillis, et on en lie les deux bouts avec une corde ; puis, après l'avoir ficelé dans toute sa longueur de manière à lui donner la forme d'un saucisson, on le dépose sur la table à polir, et on le couvre d'un plateau de bois de même forme que la table, lequel est muni d'une poignée à chacune de ses extrémités. Il s'agit alors d'imprimer au plateau suffisamment chargé un mouvement de va-et-vient pendant deux jours consécutifs. Autrefois cette rude tâche était remplie par des hommes ; c'est aujourd'hui une machine à vapeur qui l'accomplit, et la besogne y gagne en perfection ; car les mouvements humains ne pourraient jamais avoir une régularité aussi parfaite que ceux de ces machines, sorties pourtant des mains de l'homme.

Voici maintenant ce qui se passe dans le sac ou saucisson dont nous venons de parler : les aiguilles, enduites d'huile et de poudre d'émeri, roulent sans relâche, pressées les unes contre les autres, et perdent peu à peu leur rugosité par le double effet du frottement et du mordant de l'émeri ; elles se polissent mutuellement. Bientôt elles seront douces et brillantes ; mais ce n'est pas en cet état qu'elles sortent, après deux jours de violente agitation, du treillis dans lequel on les avait enfermées : l'huile, l'émeri, les parcelles d'acier que le frottement leur a enlevées, ont formé un cambouis noir et tenace dont elles sont entièrement couvertes. Pour les en débarrasser, on les plonge dans une sorte d'eau de savon bien chaude. Les voici donc polies et lessivées ; cela ne suffit pas toutefois pour leur donner le brillant qu'elles doivent avoir, il faut encore les *vanner*.

Pour vanner les aiguilles, on les met dans une boîte carrée, avec du son, en faisant successivement une couche de son, une couche d'aiguilles, le son devant former la première et la dernière couche; puis on place horizontalement cette boîte sur un arbre que l'on fait tourner, soit à la main, à l'aide d'une manivelle, soit par une machine à vapeur, une chute d'eau ou tout autre moteur. On change de temps en temps le son, qui se charge de cette crasse dont les aiguilles étaient enduites; puis, enfin, ces dernières sont retirées du van, et elles apparaissent dans tout leur éclat. Mais, hélas ! on les a tant tourmentées pour les rendre belles, que beaucoup d'entre elles n'ont pu résister à ce régime; il faut donc procéder au triage. Les unes ont perdu la tête; pour un tel mal il n'est pas de remède : ces pauvres mutilées sont donc impitoyablement jetées au rebut.

D'autres n'ont perdu que la pointe, ce qui est beaucoup moins grave; aussi les met-on soigneusement à part pour leur faire subir l'opération de l'*affinage*.

Le triage étant terminé, un ouvrier prend par la tête, entre le pouce et l'index de la main gauche, plusieurs aiguilles épointées; il les étend en éventail, et il en refait la pointe sur une meule à polir qu'il fait tourner de la main droite, ou qui est mise en mouvement par un moteur quelconque. Voilà en quoi consiste l'*affinage*, et les aiguilles qui l'ont subi, étant désormais irréprochables, vont reprendre place parmi celles qui sont sorties saines et sauves des rudes épreuves que je viens de décrire. Toutes sont alors passées dans un linge huilé, afin d'être garanties de la rouille ; puis on les divise par petits paquets que l'on enveloppe de papier, et tout est terminé.

Maintenant, mes enfants, je vous le demande, n'est-il pas vraiment prodigieux que des fabricants s'enrichissent en vendant au prix de moins d'un centime la pièce des instruments dont la confection coûte tant de peine et demande une si grande habileté? Tel est le résultat de la division du travail : il faudrait à un seul ouvrier un temps infini pour faire une seule aiguille; qu'il se borne à en faire les pointes ou les têtes, et en quelques heures il lui en passera plusieurs milliers par les mains. C'est ainsi que chaque aiguille, quelle qu'en soit la dimension, passe entre les mains de cent vingt ouvriers au moins avant d'être entièrement terminée et livrée au commerce.

C'est à Laigle, en Normandie, que se trouvent les principales fabriques françaises d'aiguilles; et quoique, au dire de bien des gens prétendus experts dans la matière, ces fabriques soient loin d'égaler celles de l'Angleterre, je suis loin d'être de leur avis, et beaucoup d'Anglais pensent eux-mêmes comme moi, sans qu'ils aient l'air d'en convenir. Ainsi il m'est arrivé plus d'une fois, pour satisfaire aux demandes de mes pratiques qui voulaient avoir des aiguilles anglaises de première qualité, d'en faire venir des meilleures maisons de Londres et de Birmingham, et de recevoir dans des boîtes à étiquettes anglaises des aiguilles sortant des fabriques de Laigle. C'était le fabricant, mon fournisseur habituel, qui expédiait une partie de ses produits à ces maisons d'Angleterre, et il riait beaucoup quand il voyait revenir en France sa marchandise affublée d'une enveloppe étrangère. Cela prouve une fois de plus, disait-il, que l'on n'est pas prophète dans son pays (1).

Maintenant que j'en ai fini pour les aiguilles, je ne saurais me dispenser de vous dire un mot de leurs sœurs les épingles, sœurs plus modestes, moins brillantes, mais qui ne sont pas moins utiles. La fabrication des épingles, quoique moins compliquée que

---

(1) Postérieurement à l'époque où le grand-père Guillaume faisait ce récit, il s'est passé un fait qui prouve que les Anglais rendent justice dans l'occasion au mérite de l'industrie française. Ainsi, à l'exposition universelle de Londres, en 1851, la médaille d'honneur, disputée pour l'industrie des aiguilles par les meilleurs fabricants de France, d'Angleterre et d'Allemagne, a été décernée à un fabricant de Laigle.

celle des aiguilles, exige néanmoins beaucoup de soin, et ce n'est que par un prodige résultant aussi de la grande division du travail, que les fabricants d'épingles sont parvenus à réaliser de beaux bénéfices en les vendant à raison de quatre centimes le cent.

On fabriquait autrefois des épingles à Paris, à Limoges, à Bordeaux, à Rugles et encore dans d'autres villes de France ; mais aujourd'hui, et même depuis très-longtemps, la fabrique dont la ville de Laigle est le centre est parvenue, par son extrême activité et son heureuse situation, à perfectionner tellement ses moyens de produire, qu'elle a pu livrer au commerce des épingles bien faites, et à des prix tellement bas, qu'il n'a pas été possible aux autres fabriques de supporter la concurrence ; elles sont toutes tombées ; alors la fabrique de Laigle s'est naturellement agrandie, de sorte que depuis bien des années, et longtemps avant que je me sois retiré du commerce, elle était en état de fournir non-seulement à toute la consommation d'épingles en France, mais qu'elle en exporte encore beaucoup en Espagne, en Italie et même en Allemagne, où elle lutte avantageusement avec la fabrique de Birmingham. La fabrication des épingles occupe à Laigle beaucoup plus de monde que celle des aiguilles. Une grande partie de la population de la ville, surtout les femmes et les enfants, se livre aux diverses branches de ce travail.

Une épingle, qui est certainement de tous les produits de la mécanique industrielle le plus commun et le moins précieux, subit pourtant, avant d'être livrée au commerce, quatorze opérations distinctes, sans compter quelques subdivisions de travail que le même ouvrier exécute.

La matière la plus généralement employée pour faire les épingles est le fil de laiton, qui est un alliage de zinc et de cuivre rouge, et que les fabricants tirent tout préparé de la Suède et de quelques autres contrées du nord de l'Europe. La première opération consiste à passer à plusieurs reprises ce fil à la filière, pour le durcir ou l'*écrouir*, comme je l'ai dit en parlant des aiguilles. En sortant de la filière, le fil étant enveloppé sur une bobine ou poupée, dont le diamètre n'excède pas seize centimètres, conserve une courbure nuisible à la fabrication des épingles; en effet, si en cet état on le coupait en tronçons, il faudrait ensuite redresser les épingles une à une. Pour lui faire perdre cette courbure, un ouvrier prend un paquet de fil, qu'il pose sur un dévidoir ou tourniquet; il en fait passer le bout entre les clous d'un instrument qu'on nomme *engin*, puis, saisissant ce bout avec des tenailles, il le tire en courant sur un espace d'environ dix mètres de longueur. Laissant alors cette longueur sur le plancher, il revient à l'*engin*, et coupe le fil de manière qu'il en reste toujours un bout engagé entre les clous de cet instrument; il saisit de nouveau ce bout, s'éloigne comme la première fois, et continue cette manœuvre jusqu'à ce que, la botte entière étant dressée et coupée en fragments d'égale longueur, il en attaque une autre. Dans cette manœuvre, l'ouvrier dresseur, s'il est habile, ne parcourt pas moins de deux kilomètres et demi par heure, ce qui fait trente kilomètres en douze heures que dure son travail, soit un peu plus de sept lieues par jour, et il dresse dans ce même espace de temps une quantité de fil suffisante pour faire quatre cent mille épingles ordinaires.

Lorsque le fil est dressé, on le réunit en faisceau que l'on égalise à une des extrémités, en le frappant doucement sur une planche bien unie ; puis ce faisceau passe aux mains du *coupeur,* qui divise tous ces fils en tronçons de la longueur de quatre des épingles qu'il s'agit de faire. Cet ouvrier, assis par terre, près d'une forte cisaille, prend le faisceau de fils, qu'il attache à sa cuisse gauche ; de la main gauche il tient une boîte de fer dans laquelle il fait entrer l'extrémité égalisée des fils, et de la main droite il fait manœuvrer la cisaille, qui coupe les fils à l'orifice de la boîte, afin que les tronçons soient tous d'une égale longueur.

Passons maintenant dans l'atelier voisin. La première fois que j'y entrai, je fus saisi d'une surprise indicible, et que les explications données par mon oncle eurent de la peine à faire cesser. Tous les hommes qui travaillaient dans cet atelier avaient les cheveux verts, leurs dents étaient vertes, leur barbe, leurs sourcils étaient également du plus beau vert. C'était l'atelier des *empointeurs* et des *repasseurs*, ouvriers chargés d'aiguiser par les deux bouts les tronçons préparés par des coupeurs.

L'empointeur est assis, les jambes croisées comme les tailleurs, sur une sellette en pente, devant une meule d'acier, taillée en lime, qui tourne avec une vitesse d'au moins mille tours par minute. Il prend vingt, trente à quarante tronçons à la fois, plus ou moins, suivant le numéro du fil; il les pose par un bout sur la meule, ayant soin de les maintenir tous égaux en les roulant entre ses doigts pour que la meule les use également, et que les pointes aient une forme conique. Ces pointes sont néanmoins grossièrement faites; c'est le repasseur qui achève de les polir et de les aiguiser en les passant sur une autre meule également en acier, mais dont la taille est beaucoup plus douce.

L'opération de l'empointage et du repassage est très-nuisible à la santé des ouvriers. Les meules sur lesquelles ils travaillent tirent des épingles, indépendamment des grosses parcelles de métal qui s'échappent sous une forme de gerbe de feu, une limaille, ou plutôt une poussière de cuivre très-fine, qui se répand dans l'air, et qu'ils ne peuvent éviter de respirer, soit par la bouche, soit par le nez, malgré un masque de verre dont ils se couvrent le visage, mais qui n'est qu'un palliatif impuissant. Cette poussière cuivreuse pénètre partout; elle s'introduit dans la peau, elle s'attache si fort sur leur figure, qu'il est presque impossible de l'enlever; elle descend dans les poumons et dans l'estomac, se mêle au sang, irrite les voies respiratoires. Voilà pourquoi ces hommes sont verts : c'est qu'ils respirent le poison par tous les pores. Leurs cheveux verdissent, mais ils ne doivent jamais blanchir; à quarante ans ces infortunés sont des vieillards, et presque tous meurent avant d'avoir atteint leur quarantième année. La science a cherché à atténuer les funestes effets de ce travail; on a inventé des ventilateurs qui, placés au-dessus des meules des empointeurs, emportent au dehors des ateliers la poussière vénéneuse qui s'échappe pendant l'opération de l'empointage et du repassage ; on a bien obtenu quelque amélioration, mais le mal est encore grand, et il faudra de plus puissants efforts pour le faire entièrement disparaître.

Les tronçons, étant aiguisés par les deux bouts, retournent aux mains du coupeur, qui en retranche à chaque bout une longueur égale, en se servant pour cela, comme la première fois, de cisailles et d'une boîte de fer faisant office de régulateur. Les bouts ainsi coupés sont des épingles auxquelles il ne manque plus que la tête ; en cet état on les nomme *hanses*.

Les tronçons de fil de laiton, se trouvant alors réduits à la longueur de deux épingles, sont de nouveau portés aux empointeurs et repasseurs, qui, comme la première fois, les aiguisent par les deux bouts ; puis ils reviennent au coupeur, qui les sépare en deux.

Un empointeur habile n'aiguise pas moins de deux cent mille épingles en un jour. Qu'on juge, d'après cela, de la quantité d'oxyde de cuivre qui se répand dans l'air que respirent les travailleurs ; car, si les empointeurs sont les plus maltraités sous ce rapport, les autres ouvriers épingliers, dresseurs, coupeurs, etc., ne sont pas complétement à l'abri de ce poison, qui monte et s'étend dans l'atmosphère; aussi un grand nombre meurent pulmoniques.

Il s'agit maintenant de faire les têtes des épingles; voici comment on procède à cette opération. A l'extrémité d'un petit arbre de fer mis en mouvement par une manivelle, est fixé un fil de laiton un peu plus gros que les épingles pour lesquelles on veut faire les têtes; sur ce fil, qu'on nomme *moule*, on enroule en spirale un autre fil de laiton beaucoup plus mince, ce qui produit des espèces de petits tubes élastiques semblables à ceux qu'on mettait autrefois dans les bretelles, avant qu'on fît ces derniers en caoutchouc. Ces petits tubes, qu'on nomme *torons*, se font avec une grande rapidité et très-facilement; mais il n'est pas à beaucoup près aussi facile de les diviser par fragments; car il est indispensable que ces fragments soient exactement de deux tours de toron chacun, ni plus ni moins, sans quoi les têtes ne pourraient être parfaitement ajustées, et elles ne tiendraient pas.

L'ouvrier chargé de cette besogne s'assied par terre, près d'une cisaille; de la main gauche il prend de huit à douze torons, selon leur grosseur; il en ajuste les bouts. De la main droite, faisant manœuvrer la cisaille, il coupe d'un seul coup deux tours de chaque toron; il continue ainsi jusqu'au bout, et il peut couper environ cent cinquante mille têtes par jour.

Les têtes ont maintenant la forme voulue; mais le laiton dont elles sont faites ayant été *écroué* par les diverses opérations qu'elle a subies, elles sont trop dures pour s'adapter sur l'épingle; il faut les amollir. On les met donc dans une grande cuiller en fer, et on les fait rougir sur un feu très-ardent.

Nous voici arrivés à l'*ajustage* des têtes sur les hanses. Assis devant une machine appelée *mouton*, l'ouvrier, ou plutôt l'ouvrière (car cette besogne est ordinairement dévolue aux femmes), a près de lui ou d'elle trois sébiles, une contenant les têtes, la seconde contenant les hanses, et la troisième destinée à recevoir les épingles au fur et à mesure que les têtes sont ajustées.

Le mouton se compose d'une petite enclume posée sur un billot, et sur laquelle est pratiquée une rainure terminée par une petite cavité hémisphérique. Dans un châssis qui surmonte le billot, se meut un cylindre d'acier, à l'extrémité inférieure duquel est pratiquée une cavité semblable à celle de l'enclume, de manière que, dans le jeu de la machine, ces deux cavités se trouvent précisément l'une sur l'autre. L'ouvrier prend une hanse, qu'il plonge par la pointe dans la sébile remplie de têtes; s'il enfile ainsi plusieurs têtes, il en retient une et laisse retomber les autres dans la sébile; puis il place l'épingle dans la rainure de l'enclume, de manière que la tête se trouve dans la cavité; alors, à l'aide d'une pédale, il fait mouvoir le cylindre, qui vient frapper sur cette tête, laquelle, se trouvant ainsi serrée entre les deux petites cavités, s'attache à la hanse sans se déformer.

Il faut souvent frapper jusqu'à six coups

sur une seule tête pour la fixer solidement. L'ajustage est donc l'opération la plus longue dans la fabrication des épingles; cependant un ouvrier peut en ajuster quinze mille par jour.

Les épingles sont maintenant entières, mais elles ne sont pas parfaites; leur aspect est terne, elles sont crasseuses; pour les nettoyer, on les fait bouillir pendant quelques instants dans de l'eau où l'on a mis une certaine quantité de tartre de vin; puis on les lave à plusieurs reprises dans de l'eau froide, et on les laisse sécher. Cela s'appelle *décaper les épingles.*

Mais ce n'est pas assez que les épingles soient propres, il faut qu'elles soient brillantes et qu'elles puissent rester longtemps en cet état. C'est au moyen de l'étamage qu'on les dote de ce double avantage. On conçoit que cet étamage doit être bien léger; car autrement l'épingle deviendrait rugueuse et n'entrerait que difficilement dans l'étoffe; aussi emploie-t-on pour cet étamage le procédé tout particulier que voici.

On étend les épingles dans des bassins

d'étain d'environ cinquante centimètres de diamètre. Lorsque le fond de chaque bassin est couvert d'une couche d'épingles dont l'épaisseur ne doit pas dépasser deux centimètres, on met ces bassins l'un sur l'autre au nombre de dix à douze, et on les descend à l'aide de cordes dans une chaudière de cuivre rouge. Il faut que cette manœuvre soit faite avec beaucoup de soin, afin que les couches ne se dérangent pas. Cela fait, on emplit la chaudière d'eau bien claire, et l'on y met un kilogramme de tartre de vin blanc; puis on fait bouillir le tout pendant trois à quatre heures. Le tartre, mis ainsi en ébullition, fait fondre une petite partie de l'étain des bassins, qui, en se détachant, couvre les épingles d'une légère pellicule blanche et brillante. L'opération est terminée. On retire les épingles de la chaudière et des bassins, et, après les avoir bien lavées à plusieurs reprises dans de l'eau froide, on les étend sur des toiles, et on les laisse sécher; mais en séchant elles se ternissent un peu; il faut les *vanner* pour leur rendre le brillant qu'elles doivent avoir.

Pour vanner les épingles, on les met dans un sac de peau avec du son; on lie l'ouverture du sac, puis on l'agite violemment pendant un certain temps en lui imprimant un mouvement de va-et-vient. Enfin on verse épingles et son dans un grand plat de bois fait en forme d'un van à vanner le blé; on le fait mouvoir de la même manière que cet instrument, jusqu'à ce que le son ait disparu.

Tout est fini; les épingles sont dès lors en état d'être déposées sur les toilettes les plus élégantes; mais avant qu'elles arrivent là, il faut qu'on puisse les présenter dans une tenue convenable aux amateurs, c'est-à-dire rangées symétriquement sur des papiers percés pour les recevoir. C'est en cela que consiste l'office des *bouteuses*, nom que l'on donne aux ouvrières chargées de percer le papier, d'y imprimer la marque de fabrique, de trier les épingles, de placer les bonnes dans les trous, et de mettre au rebut celles qui sont défectueuses.

Ces diverses opérations se font avec une si grande rapidité, qu'une bouteuse peut percer par jour une quantité de papier suffisante pour contenir cent cinquante mille épingles ou en placer dans les trous environ cinquante mille.

Que de peine! quel travail pour produire un instrument valant à peine la trentième partie d'un centime! A l'accomplissement de cette œuvre, des milliers d'hommes, comme je vous l'ai dit, mes enfants, usent leur santé et affrontent tranquillement la mort, non pas une mort incertaine et glorieuse si elle arrive comme celle qu'on peut trouver sur les champs de bataille, mais une mort lente escortée de longues et cruelles souffrances.

— Et comment se fait-il, mon bon papa, dit le petit Anatole Matthieu, gros garçon joufflu et plein de santé, qu'il y ait des hommes qui se livrent à un travail si dangereux? Pourquoi ne prennent-ils pas un autre état? » Les autres enfants parurent appuyer l'observation d'Anatole.

« Mes bons amis, répondit le bonhomme, c'est qu'il n'est pas donné à tout le monde de choisir son état. La nécessité, le besoin, une foule de circonstances indépendantes de notre volonté, nous font souvent embrasser un genre de vie contraire à nos goûts et à notre santé. Les empointeurs d'épingles, dont le travail est le plus dangereux, s'ils ne sont pas très-robustes, meurent de bonne heure; ceux qui atteignent l'âge de quarante-cinq à cinquante ans sont forcés de quitter l'empointage; et comme ce travail est assez lucratif, s'ils ont eu de l'ordre, ils auront pu faire quelques économies qui les aideront à vivre et leur permettront de se livrer à une occupation moins productive, mais aussi moins dangereuse. On en a vu ainsi quelques-uns atteindre une vieillesse assez avancée; mais j'avoue que c'est une exception, et que je n'en ai connu, pour mon compte, que de rares exemples.

Maintenant, mes enfants, ce que je viens de vous dire sur la fabrication des aiguilles et des épingles n'a pas eu pour but simplement de satisfaire votre curiosité; je désire que vous en tiriez un enseignement utile sous plus d'un rapport.

D'abord vous avez vu par les détails dans

lesquels je suis entré, — et que j'ai encore abrégés, — que cette variété d'opérations nombreuses auxquelles chaque épingle et surtout chaque aiguille est soumise, porte le cachet de la perfection à laquelle cette fabrication est parvenue. Par là, mes enfants, apprenez que dans les arts mécaniques *diviser le travail* c'est l'*abréger; multiplier* les opérations, c'est les *simplifier;* attacher *exclusivement* un ouvrier particulier à *chacune d'elles,* c'est obtenir à la fois *vitesse* et *économie.* Mais c'est surtout dans la fabrication des épingles, ainsi que dans celle des aiguilles, que se fait le plus remarquer le prodige de la division du travail ; on ne pourrait pas croire, si on ne l'avait pas vu, qu'on peut donner trois milliers d'objets, à la fabrication desquels ont concouru quatorze à quinze ouvriers, pour la somme d'un franc, ce qui ne fait monter chaque épingle qu'à un trentième de centimes.

Ainsi, mes enfants, chaque fois que vous vous servirez de ces objets, qui jusqu'ici fixaient à peine votre attention, tant leur usage est devenu commun, rappelez-vous que cent vingt ouvriers ont travaillé à la confection de cette aiguille, et quinze à celle de cette épingle que vous daignez à peine ramasser quand vous la rencontrez sur votre chemin, et qui, comme produit du travail et du génie de l'homme, ont un prix bien supérieur à leur valeur intrinsèque.

Puis pensez en même temps à ces pauvres ouvriers que la nécessité a condamnés à un travail nuisible à leur santé; plaignez-les, et remerciez Dieu de vous avoir placés dans des conditions telles, que vous pourrez, guidés par vos parents, choisir un état convenable et qui ne vous exposera pas à des dangers continuels. Mais souvenez-vous, quand vous aurez fait ce choix, d'y persévérer et de ne pas imiter ceux qui ne font que changer d'état et de profession. Il est rare que ces gens réussissent, et je vous en citerai pour exemple notre cousin Jacques, dont il est temps que je reprenne l'histoire. »

CHAPITRE III

Les excentricités du cousin Jacques. — La semence d'aiguilles et d'épingles. — Liaison de Jacques avec des saltimbanques. — Le singe et le chien. — Attaque de voleurs dans la forêt de Cercotte.

« Je passerai rapidement sur les premières années du cousin Jacques. Je vous dirai seulement qu'il n'eut pas, comme moi, le bonheur de recevoir de sa mère ces principes salutaires de religion et de morale qui restent profondément gravés dans le cœur, que l'on peut quelquefois oublier, mais qui ne s'effacent jamais entièrement. Il avait à peine trois ans quand il perdit sa mère. Son père, entièrement occupé des affaires de son commerce, ne put surveiller son éducation, et fut obligé de l'abandonner en des mains étrangères et mercenaires. Quand Jacques eut atteint l'âge de douze ans, mon oncle songea à le faire travailler avec lui, mais il montrait peu de dispositions pour le commerce; il demanda à entrer dans une fabrique d'aiguilles, comme apprenti. Son père y consentit, mais Jacques ne put s'accoutumer à l'assiduité d'un travail régulier; il ne songeait qu'à jouer et à faire jouer les camarades de son âge. Cependant son patron hésitait à le renvoyer, d'abord par considération pour son père, ensuite parce que l'enfant, quoique joueur et paresseux, était fort adroit, et qu'il s'acquittait parfaitement de sa besogne quand cela lui plaisait. Ainsi il était devenu un des plus habiles perceurs et troqueurs de la fabrique, et nul ne l'égalait à faire le tour du cheveu percé dont je vous ai parlé; mais nul ne l'égalait aussi dans toutes sortes d'espiègleries, qu'il se permettait non-seulement envers ses camarades et les ouvriers, mais même avec les étrangers qui visitaient la fabrique. Des plaintes réitérées ne cessaient d'arriver au patron, qui, après l'avoir plus d'une fois réprimandé et puni, se décida enfin à le renvoyer.

Il voulut alors se faire épinglier, quoique son père s'y opposât formellement. Enfin celui-ci céda, et voilà Jacques dans une fabrique d'épingles; mais ses mauvaises habitudes l'y suivirent, et il y resta encore moins longtemps qu'à la fabrique d'aiguilles.

Après avoir encore essayé de quatre ou cinq métiers avec le même succès, il finit par déclarer à son père qu'il était décidé à entrer dans le commerce, et à le seconder désormais dans ses travaux. Mon oncle, enchanté de cette résolution, le mit aussitôt au courant de la besogne, lui fit tenir ses livres et sa correspondance, et, pour l'encourager, il lui donnait toutes les semaines quelques écus de trois livres pour ses menus plaisirs. Le cousin Jacques parut d'abord très-content de sa nouvelle position; il prit du goût à la vente et s'y entendait assez bien. Ce qui lui plaisait surtout c'étaient les voyages et les foires; cette vie errante, ces visages nouveaux qu'il rencontrait à chaque instant, charmaient son humeur aventureuse et changeante. Au bout de dix-huit mois, son père fut si content de lui, qu'il l'associa dans son commerce, quoiqu'il n'eût qu'un peu plus de seize ans; mais à cet âge Jacques était grand, découplé, beau garçon, et vous lui eussiez donné volontiers plus de dix-huit ans.

Tout alla bien pendant environ un an, et le père s'applaudissait de la bonne conduite de son fils, quoiqu'il eût bien encore de temps en temps quelques petites peccadilles à lui reprocher; mais ce n'étaient au fond que de ces espiègleries, de ces tours d'écolier dont il avait sans doute gardé le souvenir de son temps d'apprentissage. Ainsi, une fois, il vendait à une fermière de Beauce sa provision d'épingles et d'aiguilles; il avait soin de lui vanter la qualité de sa marchandise, et il lui parlait du pays d'où elle provenait. « Mais, Monsieur, dit la bonne femme quand elle eut fait emplette de quelques paquets d'aiguilles et d'un millier ou deux d'épingles, comment donc ça vient ces petits engins-là? — Ma brave femme, répondit Jacques avec aplomb, cela vient de semis, comme vos pois et vos haricots.

— Bah! pas possible; vous me dites ça pour vous gausser de moi. — Et pourquoi me moquerais-je de vous, d'une de mes meilleures pratiques? quel intérêt y aurais-je? — Ça c'est vrai; mais je voudrais bien voir tout de même de cette graine d'aiguilles et d'épingles. — Rien de plus facile, et demain je vous en apporterai deux paquets; mais il ne faudra en parler à personne, car, si l'on savait que nous en avons, on nous tourmenterait pour en acheter, et vous comprenez que du jour où chacun pourrait faire venir des épingles et des aiguilles dans son jardin, adieu le commerce de cette marchandise. »

La fermière promit solennellement qu'elle garderait le silence le plus absolu. Le lendemain, Jacques arriva chez elle et tira de sa poche deux petits sacs de papier proprement ficelés et étiquetés, portant l'un ces mots, écrits en gros caractères: *Graine d'aiguilles*, et l'autre : *Graine d'épingles*; puis il ouvrit les sacs, et il montra à la fermière étonnée de la limaille d'acier dans le premier et de la limaille de laiton dans l'autre. Après avoir longtemps examiné et manié cette poudre

aux reflets brillants, la fermière s'écria :
« Comment! c'est ça qui produit les épingles et les aiguilles! Tenez, mon bon monsieur Jacques, faut que vous m'en vendiez quelques pincées pour que j'en fasse l'essai, je vous paierai ce qu'il faudra.

— Nenni, ma bonne femme; ça ne se peut. Mon père ne le permettrait pas; et puis cette graine est destinée aux habitants du pays qui la cultivent en grand, et qui nous vendent ensuite leur récolte, que nous revendons à notre tour dans les contrées où cette production n'est pas cultivée; vous comprenez que nous ne pouvons pas vendre cette graine à tout le monde sans compromettre gravement nos intérêts. D'ailleurs il faut être habitué à la cultiver; cette culture est très-minutieuse et demande beaucoup de soins; et je doute que vous puissiez réussir. »

La bonne fermière était entêtée, et de ces gens dont les obstacles et les difficultés irritent les désirs, une fois qu'ils se sont chaussé une idée. Elle insista donc avec tant de persistance, que le cousin Jacques consentit à lui céder une once de chaque graine, moyennant un écu la graine d'aiguilles, et un demi-écu ou trente sols celle d'épingles.

Jacques ne se vanta pas de ce tour à son père, qui n'aurait fait que rire de la crédulité de la bonne femme si son fils n'en eût pas abusé pour se faire donner de l'argent; car l'oncle Antoine était d'une délicatesse scrupuleuse en affaires, de quelque nature qu'elles fussent. Aussi le cousin n'en parla qu'à des jeunes gens de sa connaissance, qui en rirent beaucoup; et ce ne fut que plus de six mois après que l'oncle Antoine l'apprit. Il gronda sérieusement son fils, qui ne parvint à l'apaiser qu'en lui promettant de rembourser à la fermière ses quatre livres dix sous.

Mon oncle fréquentait, comme je vous l'ai dit, les principales foires qui se trouvaient sur son parcours habituel. Là il vendait en gros ses marchandises à de petits marchands ambulants, à de simples colporteurs, qui trouvaient à s'approvisionner auprès de lui à des conditions aussi avantageuses que s'ils étaient allés en fabrique, et qui s'épargnaient ainsi de longs voyages et du temps perdu.

2*

Jacques aimait aussi beaucoup les foires; mais c'était pour un tout autre motif que le commerce. Il trouvait dans ces réunions des occasions de s'amuser que ne lui offraient pas les tournées dans les villages et les petites villes où mon oncle vendait ses articles en détail. Comme on ne faisait pas de déballage sur la place et que les affaires se traitaient généralement avec les petits marchands dans l'auberge où ils descendaient, les opérations étaient terminées de bonne heure, et le reste de la journée le cousin Jacques était libre. Il profitait de ce moment pour visiter tous les spectacles forains, toutes les baraques de saltimbanques qui fréquentaient habituellement les foires. Comme les mêmes troupes de ces individus nomades se retrouvaient souvent dans les foires successivement parcourues par mon oncle et son fils, il en résulta que Jacques fit connaissance avec plusieurs d'entre eux. Mon oncle malheureusement n'attacha pas assez d'importance à ces liaisons. Il faut bien, pensait-il, que ce jeune homme s'amuse, et j'aime encore mieux le voir passer son temps à regarder des tours de physique amusante, des voltiges de corde ou des exercices de jongleurs, que de le savoir au cabaret. Cela pouvait être vrai dans un sens; mais, d'un autre côté, il n'y avait pas moins de danger.

Le cousin Jacques perdit dans la fréquentation de ces espèces de bohêmes le goût du travail sérieux, et prit bientôt les habitudes de ses nouveaux amis. Il apprit à faire des tours de passe-passe et d'escamotage, à jongler avec des balles, des couteaux, des cerceaux, etc. Un jour il demanda à son père la permission d'acheter tout l'attirail d'un joueur de gobelets, se proposant, disait-il, d'étaler sa table et ses muscades dans les villages où ils passeraient, ce qui ne manquerait pas, suivant lui, d'attirer une foule de paysans ébahis, qui, après avoir admiré ses tours d'adresse, s'empresseraient de leur acheter de leur mercerie. Cette fois, le père se fâcha tout de bon, et force fut au cousin Jacques d'abandonner un si beau projet.

Quelque temps après il acheta, sans en prévenir son père, un singe savant que lui vendit un saltimbanque de ses amis. Mon oncle Antoine voulut encore se fâcher et renvoyer cette vilaine et méchante bête; mais cette fois Jacques le pressa, le sollicita avec tant d'instance, que le papa eut la faiblesse de consentir à garder un hôte si étrange. « Que veux-tu que nous en fassions? lui disait son père; nous avons bien assez déjà de Médor; mais au moins c'est un chien qui nous est utile pour garder notre voiture, tandis que ton vilain singe, à quoi peut-il nous servir?

— A quoi il peut nous servir? Eh bien, mon père, consentez seulement à le garder quinze jours, et vous verrez qu'il nous sera plus utile que Médor. »

Le père consentit donc, mais à titre d'essai.

Le cousin Jacques habilla son singe en marquis, avec habit brodé, chemise à jabot, manchettes, perruque poudrée, chapeau tricorne galonné et orné de plumes. En cet équipage, il s'en faisait suivre quand il allait visiter les pratiques; il chargeait son singe de leur remettre les petits paquets de mercerie dont elles avaient fait emplette, et les dames ou demoiselles, ou les simples paysannes, charmées de la gentillesse de *Jacquot* (c'était le nom que Jacques avait donné à son singe), ne manquaient pas de le bourrer de gâteaux, de noisettes ou de quelques friandises. Bientôt le cousin s'avisa de donner à Jacquot une petite boîte suspendue à son cou par une courroie, à peu près comme la boîte des facteurs de la poste. Elle était divisée en plusieurs compartiments, dans lesquels étaient proprement rangés, ici de petits paquets d'aiguilles, là des quarterons ou des cents d'épingles; à côté, des pelotes de fil de différentes qualités; plus loin, des aiguilles à tricoter, puis des pièces de ruban, etc. etc. Ainsi accoutré, Jacquot se promenait gravement dans les rues avec son maître; sur un signe de celui-ci, il s'approchait des dames qu'ils rencontraient, ôtait gravement son chapeau pour les saluer; puis, ouvrant sa boîte, il en montrait le contenu à ces dames comme s'il les eût invitées à faire un choix. Alors le cousin Jacques s'approchait et disait à son singe : « Voyons, Jacquot, offre à Madame un paquet d'aiguilles anglaises; elle n'en a jamais eu d'aussi bonne qualité. » Et le singe, obéissant au signe de son maître, tirait d'un des compartiments de sa boîte un ou deux paquets d'aiguilles qu'il présentait gracieusement à la personne désignée. Il était rare que celle-ci n'achetât pas quelque chose de ce singulier marchand, et quand elle voulait payer, si elle présentait l'argent au maître : « Non, Madame, répondait-il, ce n'est pas à moi à recevoir cet argent : donnez-le à mon commis, qui me rendra ses comptes à la fin de la journée. » Elle remettait alors l'argent au singe, qui la remerciait par un petit cri joyeux, tout en faisant glisser la monnaie dans un compartiment de la boîte destiné à la recevoir.

Cette singularité eut le succès le plus merveilleux. Bientôt dans toutes les villes, dans toutes les bourgades parcourues habituellement par mon oncle, on ne parla que du cousin Jacques et de son singe Jacquot. La foule des curieux les suivait dans les rues, et c'était à qui ferait quelque emplette au *charmant* petit commis Jacquot. Pendant que mon oncle visitait gravement ses pratiques habituelles, avec lesquelles il continuait d'entretenir ses affaires, son fils se créait une clientèle nouvelle avec son singe, clientèle d'occasion et toute casuelle, sans doute, mais qui finit par produire d'assez beaux bénéfices. Cette manière de faire le commerce manquait peut-être de dignité; mais elle était amusante et entrait parfaitement dans les goûts du cousin Jacques. Le père, satisfait des opérations de Jacquot, ne s'opposa plus à l'admettre au nombre de ses commensaux.

Ce qui plaisait surtout à mon oncle, c'étaient moins les bénéfices inattendus que leur procurait l'invention de son fils, que de voir celui-ci prendre maintenant à cœur les intérêts de leur commerce, et s'y livrer avec une ardeur qu'il n'avait jamais montrée auparavant. Le fait est, mes enfants, que le cousin Jacques ressemblait à bien des jeunes gens qui ont passé tout le temps de leur enfance et de leur adolescence uniquement occupés d'amusements et de jeux, et qui, arrivés à l'âge de se livrer à un travail sérieux, ne le font qu'à regret ou que quand ils peuvent lui donner l'attrait des divertissements frivoles d'un autre âge. C'est ainsi que, si déjà le cousin Jacques avait montré de l'ardeur dans l'apprentissage de la fabrication des aiguilles, c'était avec l'espoir de devenir un des plus habiles au jeu de la perce. Mais l'oncle Antoine n'en cherchait pas si long, et, content de voir son fils *mordre au métier,* selon son expression, il comptait que ce beau zèle se soutiendrait toujours.

Une seule chose vint bientôt contrarier l'oncle Antoine et amener de graves dissentiments entre le père et le fils. Jacquot, malgré son intelligence extraordinaire, ses brillantes qualités, sa docilité envers son maître, avait conservé certains défauts de sa nature sauvage, rancunière et méchante. Plus d'une fois il avait mordu ou égratigné des enfants qui avaient voulu jouer trop familièrement avec lui, et les parents avaient porté des plaintes qui avaient occasionné plus d'un désagrément à l'oncle Antoine et à son fils. Premier grief, qui avait déjà passablement indisposé mon oncle contre le singe; mais un autre grief plus sérieux, c'est que ce méchant animal avait pris en grippe Médor, le chien favori de mon oncle, et ne manquait presque jamais de lui faire des niches pendables. Le bon Médor, qui d'un coup de dent aurait pu éreinter son adversaire, paraissait insensible à ses provocations, comme il l'eût été à celles d'un roquet; mais un roquet se fût contenté d'aboyer sans oser s'approcher de trop près du gros dogue. Jacquot, au contraire, s'avançait sournoisement jusque auprès de lui, lui lançait un coup de griffe, lui mordait les oreilles ou la queue, et avant que le chien se fût retourné tout en colère contre son adversaire, celui-ci d'une gambade s'était mis hors de portée de ses atteintes. Le pauvre chien avait beau gronder, montrer ses dents menaçantes, le singe lui faisait des grimaces et recommençait de plus belle. Souvent même Jacquot était encouragé par son maître, qui l'excitait dans cette lutte, et s'amusait de la vaine colère et des hurlements de douleur du mâtin. Mais il ne se permettait ce jeu qu'en l'absence de son père; car celui-ci n'eût pas souffert ces vexations à l'égard de son favori. Un jour que l'oncle Antoine fut témoin d'une attaque de Jacquot contre Médor, il saisit un fouet et corrigea le singe d'importance. Jacques prit le parti de son singe, le père celui de Médor, et la querelle des deux animaux faillit en amener une entre le père et le fils. Celui-ci pourtant, malgré bien des défauts, était incapable de manquer à son père en face ; il se tut, tout en grommelant entre ses dents, et en se promettant, à la première occasion, de corriger à son tour Médor d'importance.

Ces scènes se renouvelèrent souvent depuis et occasionnèrent sinon des querelles, au moins un dissentiment marqué entre le père et le fils. Enfin l'oncle Antoine, pour mettre un terme à ces causes de dissensions domestiques, dit un jour à Jacques :

« Vois-tu, garçon, il n'est plus possible que nous conservions plus longtemps ces deux animaux ensemble ; il est indispensable que nous nous défassions de l'un d'eux.

— Je suis parfaitement de votre avis, mon père, et depuis longtemps je songeais à vous le proposer ; ainsi je pense que vous n'hésiterez pas à nous débarrasser de Médor.

— De Médor ! Dieu m'en préserve ! mais c'est à quoi je n'ai jamais pensé, et c'est ton vilain Jacquot dont je prétends nous défaire.

— De Jacquot ! permettez-moi, mon père, de vous rappeler les services qu'il nous a rendus ; depuis que nous l'avons, avez-vous remarqué combien le chiffre de nos ventes s'est augmenté ? Est-ce Médor qui pourrait nous procurer de pareils bénéfices ? A quoi ce chien nous sert-il, qu'à manger autant qu'un homme et à ne rien faire ? tandis que Jacquot ne dépense presque rien pour sa nourriture ; un peu de pain, de lait, quelques fruits, de la salade lui suffisent, et sa présence pousse à la vente et nous produit de beaux bénéfices.

— Voyons, Jacques, écoute-moi, mon enfant, et parlons raison. Je conviens avec toi que depuis quelque temps ton singe a fait vendre quelques articles de plus qu'à l'ordinaire ; mais ceci n'est qu'un caprice passager et ne peut avoir qu'un temps ; déjà même quelques-unes de mes pratiques sérieuses m'ont fait observer qu'il n'était pas convenable à des marchands honorablement connus comme nous de traîner avec eux un pareil animal, qui nous faisait presque ressembler à des bateleurs, et ces mêmes personnes dont je parle ont fortement recommandé que tu ne te présentes pas chez elles avec ton singe. Tu vois donc que s'il t'a valu quelques petites pratiques de rencontre, il pourrait t'en faire perdre d'anciennes et d'une tout autre importance. Puis si l'on mettait en ligne de compte ce qu'il a fallu payer pour cet enfant qu'il a failli éborgner le mois dernier, pour la glace qu'il a cassée dans l'auberge où nous logions il y a huit jours, pour les dégâts qu'il a occasionnés en divers endroits, je ne sais pas si l'addition de ces pertes ne balancerait pas celle des bénéfices qu'il nous a procurés. Quant à Médor, je conviens que sa nourriture est plus coûteuse que celle de Jacquot ; mais aussi ses services sont d'une bien autre valeur. Il ne nous aide pas à la vente de nos marchandises, c'est vrai ; mais il nous aide à les conserver. Sans lui, sans sa garde vigilante, pourrions-nous circuler en sûreté comme nous le faisons à travers tous les pays que nous parcourons ? séjourner dans des maisons et des auberges isolées, ou bien au milieu de la foule des gens de toute espèce qui encombrent les foires où nous nous arrêtons? Sa présence seule est pour nous une sauvegarde, et ôte même aux voleurs la tentation de nous dévaliser. Pour ma part, si je n'avais pas Médor avec moi, je ne voudrais pas m'exposer à faire seulement quarante kilomètres avec ma voiture, mon cheval, mes marchandises et mon argent. Tu n'es plus un enfant, Jacques, tu as bientôt dix-huit ans; tu dois donc comprendre parfaitement ces choses, et reconnaître que renoncer à conserver Médor, ce serait vouloir renoncer à notre profession de marchand forain. »

Ces raisons étaient plausibles, et Jacques n'essaya pas de les réfuter; il comprit que du moment qu'il faudrait définitivement choisir entre le singe et le chien, ce choix ne saurait être douteux, et qu'il serait de toute nécessité de sacrifier Jacquot; alors il songea à retarder autant que possible cette séparation. Il connaissait la faiblesse de son père, et il ne désespéra pas de réussir. Il commença par se rendre à la justesse des raisons alléguées par celui-ci ; puis il ajouta qu'il était prêt à faire le sacrifice qu'on exigeait de lui ; seulement il demanda à son père de vouloir bien le retarder encore pendant quelque temps, promettant de surveiller plus strictement Jacquot qu'il ne le faisait par le passé, et s'engageant, à la première escapade qu'il se permettrait, à ne plus s'opposer à son renvoi définitif.

Le père consentit à cette transaction, pour ne pas trop affliger son fils et ne pas le décourager, et les choses reprirent leur marche comme par le passé. Seulement Jacques tint sa promesse ; il surveilla Jacquot avec soin, et pendant quelque temps on n'eut pas trop à se plaindre de ses incartades.

A quelque temps de là, l'oncle Antoine et Jacques se rendaient à la foire de la Saint-Jean d'été, à Orléans. Ils voyageaient plutôt la nuit que le jour ; d'abord les nuits sont très-courtes en cette saison, puis ils évitaient ainsi la trop grande chaleur du jour.

Dans la nuit du 22 au 23 juin, ils traversaient la forêt de Cercotte. Il n'y avait pas de

clair de lune ; mais le temps était étoilé, et
dans cette saison l'obscurité des nuits n'est
jamais complète. Ils cheminaient tranquillement au pas de leur cheval, qui suivait une
route unie et habituellement bien fréquen-
tée. Jacques dormait profondément dans la
voiture, à côté de son père, qui sommeillait
aussi, tout en tenant les guides du cheval.
Jacquot dormait aussi près de son maître, et
Médor, la tête basse, marchait à quelques pas
derrière la voiture. Tout à coup, à un détour
que faisait la route, la voiture s'arrête brusquement. L'oncle Antoine, aussitôt réveillé,
aperçoit un homme qui avait arrêté son cheval par la bride, tandis que deux autres
s'avançaient de chaque côté en silence. Leur
intention n'était pas douteuse. L'oncle Antoine saisit aussitôt deux pistolets qu'il avait
toujours dans les poches de sa voiture, et
crie : « A moi, Médor! » Au même instant, le
chien s'élance à la gorge de l'homme qui se
trouvait à gauche de la voiture, et le ter-
rasse, celui de droite fait entendre un certain
sifflement, et aussitôt Jacquot s'élance d'un
bond sur l'épaule de cet homme. Celui-ci

tire aussitôt un coup de pistolet sur la voiture, en ajustant l'oncle Antoine; mais la balle, mal dirigée, atteint seulement et perce le sommet de la bâche. Jacques, réveillé dès le premier cri poussé par son père, voit d'un coup d'œil ce dont il s'agit; il a saisi l'un des pistolets que lui a présenté son père en lui enjoignant de ne faire feu qu'à son commandement et à coup sûr. Cependant Médor, au bruit de l'explosion, a quitté l'homme qu'il vient de terrasser, et s'élance sur celui qui vient de lâcher le coup de pistolet; mais Jacquot le défend de ses griffes et de ses dents, et cet homme allait échapper à l'attaque du chien, quand l'oncle Antoine, qui a remarqué cette scène, tire un coup de pistolet, qui tue Jacquot et blesse à l'épaule l'homme qu'il protégeait. Celui-ci s'éloigne à la hâte en proférant des blasphèmes, et il est suivi par celui qui avait arrêté le cheval, et l'avait maintenu en repos pendant que ses deux compagnons devaient agir. Le cheval, se sentant dégagé, se remit aussitôt en route, et un coup de fouet de l'oncle Antoine lui fit prendre un trot allongé.

Toute cette scène, mes enfants, avait duré moins de temps que je n'en mets à vous la raconter.

Deux heures après, c'est-à-dire vers quatre heures du matin, ils arrivaient à Orléans, ayant mis trois heures à peine à franchir une distance de plus de seize kilomètres.

CHAPITRE IV

Qui étaient les voleurs de la forêt. — Nouvelles connaissances que fait le cousin Jacques. — Le sergent recruteur. — Les conseils et la morale de Jolicœur. — Brillant tableau de la vie au 6ᵉ hussards. — Le cousin Jacques s'engage. — Son départ avec le sergent Jolicœur.

Le premier soin de mon oncle en arrivant dans cette ville, malgré l'heure matinale, fut de prévenir la maréchaussée, qui remplissait alors les mêmes fonctions que remplit aujourd'hui la gendarmerie. Aussitôt un des substituts du lieutenant criminel, escorté d'un nombreux détachement de cavaliers de maréchaussée, partit pour l'endroit où s'était passée l'attaque nocturne; il s'était fait accompagner du cousin Jacques pour fournir les renseignements nécessaires. Arrivés sur les lieux, on trouva encore le cadavre du singe sur la route, et à quelque distance, dans un fossé, celui de l'homme terrassé et étranglé par Médor. Il paraît qu'il n'avait pas été tué sur le coup, et qu'il avait eu encore la force de se traîner jusque-là, où il était expiré. Du côté opposé de la route, et à partir de l'endroit où gisait la cadavre de Jacquot, on remarquait des traces de sang qui indiquaient le chemin qu'avait dû suivre le voleur blessé par le pistolet de mon oncle. Quelques cavaliers de maréchaussée suivirent cette piste, et une heure après ils découvrirent, dans une ferme isolée, l'homme qui avait reçu cette blessure. Ils le ramenèrent aussitôt auprès du substitut du lieutenant criminel, qui était resté sur le lieu du crime pour dresser procès-verbal des faits, opérer la levée du cadavre du voleur étranglé par le chien, et faire les autres constatations judiciaires indispensables en pareil cas. L'individu arrêté par les cavaliers fut aussitôt interrogé sommairement par le magistrat, et mis en présence de mon cousin Jacques. Mais quel ne fut pas l'étonnement de celui-ci, quand il reconnut dans cet homme le saltimbanque qui lui avait vendu Jacquot ! Il comprit alors une partie de la scène dont il ne s'était pas bien rendu compte tout d'abord. Quand il avait vu le singe s'élancer sur l'épaule de cet homme, il s'était imaginé un instant qu'il voulait l'attaquer, comme Médor de son côté attaquait l'autre ; mais quand il l'avait vu se précipiter contre Médor, il ne s'était expliqué cette attaque qu'en l'attribuant à la rancune que le singe gardait contre le chien ; maintenant tout était parfaitement clair ; il se rappelait ce sifflement particulier qu'avait fait entendre le voleur, et qui était un appel bien connu du singe et auquel il s'était empressé de répondre.

Le cousin Jacques donna toutes ces explications au magistrat, qui les consigna sur son procès-verbal, et qui en même temps fit subir un nouvel interrogatoire à l'inculpé. Celui-ci, se voyant reconnu, se décida à faire les aveux les plus complets, en ayant soin toutefois de rejeter la plus grande partie de sa culpabilité sur ses deux complices, surtout sur celui qui avait succombé dans la lutte. Ce dernier, selon lui, était le chef de la bande, et avait tout conçu, tout dirigé, de concert avec celui qui était en fuite ; pour lui, soumis à leur influence dont il ne pouvait se dégager, il n'avait fait qu'obéir à leurs ordres. C'étaient eux qui l'avaient forcé de vendre son singe à Jacques et de se lier avec lui, afin de connaître les affaires des deux marchands, leurs projets, leur itinéraire, et de pouvoir ainsi saisir une occasion favorable de les dévaliser.

Effectivement, le cousin Jacques déclara que depuis ce temps-là ces trois hommes (car il reconnaissait celui qui avait été étranglé par le chien) les avaient suivis de foire en foire, et il déclara qu'il avait continué, à l'insu de son père, à entretenir des liaisons avec eux, surtout avec celui qui lui avait vendu le singe.

« Jeune homme, lui dit le magistrat d'un ton sévère, que cet événement vous serve de leçon pour les liaisons que vous contracterez à l'avenir. Voyez à quel danger vous vous êtes exposé et vous avez exposé votre père, uniquement pour avoir fréquenté des sociétés équivoques, à son insu et contre sa volonté. »

Le cousin Jacques, qui sentait la justesse de l'observation, baissa la tête sans rien répondre.

Bientôt toute la troupe se remit en route pour Orléans, où déjà s'était répandu le bruit de l'attaque nocturne dans la forêt de Cercotte. Une foule immense s'était portée à la rencontre de la maréchaussée, on se montrait avec curiosité l'unique voleur arrêté, qui marchait, le bras en écharpe et une chaîne au cou, entre deux cavaliers. Le cousin Jacques attirait aussi les regards. « Tiens, disait-on, c'est ce beau jeune homme qui a failli être massacré par ces brigands ! Quel dommage s'ils l'avaient tué ! — Oui, répondait un autre, mais pas si bête de se laisser tuer comme ça ; c'est un gaillard qui n'a pas froid aux yeux. — Je crois bien, reprenait un troisième ; c'est un luron, tout jeune qu'il est, qui est fameusement courageux. Il s'est défendu lui seul contre six brigands ; il en a tué deux, blessé un, — celui que la maréchaussée ramène, — et mis le reste en fuite. — Le fait est, reprenait un sergent recruteur, qui se trouvait dans le groupe, que ce jeune homme ferait un joli soldat. »

Pendant plusieurs jours, l'événement de la forêt de Cercotte fut le sujet de toutes les conversations de la ville d'Orléans et surtout du champ de foire. En passant de bouche en bouche, l'histoire prit des proportions colossales, merveilleuses, fantastiques, dont Jacques Barlier était toujours le héros. C'était à qui l'inviterait au cabaret ou au café pour lui faire raconter son aventure ; et Jacques, sans se faire prier, recommençait pour la centième fois sa narration, mais toujours avec des variations et des broderies nouvelles qui la rendirent bientôt méconnaissable.

A compter de ce moment, il prit un profond dégoût pour la profession de marchand. Ils avaient fait un déballage sur le champ de foire ; mais Jacques ne paraissait que le moins souvent qu'il le pouvait à la boutique.

Il trouvait toujours quelque prétexte pour s'éloigner, et quand son père l'envoyait faire une commission, quelquefois il ne rentrait pas de la journée. D'abord l'oncle Antoine lui fit des observations, puis il le gronda sévèrement, enfin il le menaça de tout son courroux ; mais le cousin ne tint compte ni des observations ni des reproches, et il en vint bientôt à braver les menaces.

L'oncle Antoine se désolait. Cependant, soit par faiblesse, soit dans l'espoir qu'il reviendrait à une conduite plus régulière, il n'osait pas trop le pousser à bout. Il pensait que, quand ils auraient quitté Orléans et repris leurs voyages habituels, Jacques reviendrait aussi aux bonnes habitudes qu'il avait contractées depuis plus d'un an. Malheureusement l'instruction du procès criminel intenté contre les brigands de la forêt de Cercotte le forçait de prolonger son séjour dans cette ville au delà de ses prévisions, étant obligé de paraître de temps en temps devant la justice comme témoin, jusqu'à la fin du procès. Ce qui avait encore retardé l'instruction, c'est qu'on avait fini par arrêter celui qui avait pris la fuite au moment de l'attaque dans la forêt ; il avait fallu le confronter avec son complice, déjà incarcéré, puis avec les Barlier père et fils. Cet homme avait fini par faire des aveux qui avaient amené l'arrestation de presque toute une bande, dont les trois voleurs de la forêt de Cercotte faisaient partie. Ces suppléments de procédure entraînèrent nécessairement des lenteurs qui, au grand regret de l'oncle Antoine, prolongèrent encore son séjour à Orléans.

Quant au cousin Jacques, loin d'en être contrarié, il était enchanté de ce contretemps, qui lui permettait de se livrer sans contrainte aux divertissements que lui offrait cette grande ville, et aux parties de plaisir où il était chaque jour invité par ses nouveaux amis. Car, il faut bien l'avouer, le cousin Jacques n'avait guère profité de la leçon que lui avait donnée le magistrat sur le choix qu'il devait apporter désormais dans ses liaisons. Quand il avait vu que son aventure l'avait en quelque sorte élevé sur un piédestal, il en avait profité pour se livrer au premier venu qui lui avait adressé des flatteries capables de chatouiller son amour-propre.

Mais celui dont il avait fait depuis quelque

temps son ami intime était précisément ce sergent recruteur que nous avons vu dans la foule le jour du retour du cousin Jacques à Orléans, s'écrier que ce jeune homme pourrait bien faire un joli soldat. Dès ce jour même, le sergent Jolicœur (c'était le nom du sergent recruteur) avait offert à boire au cousin, sous prétexte de lui faire raconter son aventure. Le lendemain, ils s'étaient encore rencontrés ; mais cette fois Jacques avait voulu répondre à la politesse du sergent en payant à son tour. Dès lors ils avaient continué de se rencontrer chaque jour ; seulement c'était maintenant Jacques qui payait toujours. Il est vrai qu'en échange il recevait du sergent des éloges à lui tourner la tête.

« Vrai d'honneur, lui disait-il souvent, vous n'êtes pas fait pour la triste existence que vous menez. Quoi ! un jeune homme de bonne mine comme vous passer sa vie à vendre du fil, des aiguilles et du ruban ! c'est quelque chose d'avilissant, et qui me soulève le cœur, rien que d'y penser.

— Que voulez-vous, répondait le cousin Jacques, cela ne m'amuse pas trop non plus ;

mais c'est l'état de mon père ; il l'exerce depuis plus de trente ans, il veut que je lui succède, et je ne saurais me soustraire à sa volonté, malgré tout le désir que j'en ai.

— Vous appelez cela une volonté, et moi je l'appelle une tyrannie. Que votre père continue à exercer ce métier, c'est bien ; il est vieux, c'est chez lui une habitude passée à l'état de seconde nature ; mais contraindre un jeune homme comme vous à faire ce métier avilissant, c'est comme si d'un fringant cheval de main on voulait faire une bête de somme ou un cheval de labour. Certes vous avez le droit, et personne ne vous blâmera, de vous soustraire à un pareil despotisme.

— Mais comment faire ? je ne suis pas majeur, je n'ai que dix-huit ans, et mon père ne consentira jamais à me laisser prendre un autre état. Puis, je l'avoue, je ne saurais trop lequel choisir ; car je n'en connais pas d'autre que celui de marchand mercier, et je ne suis plus en âge d'aller en apprentissage.

— Vraiment, mon jeune ami, reprit le sergent Jolicœur avec un air d'intérêt marqué, vous me faites de la peine de vous voir embarrassé pour si peu de chose. Eh bien, moi qui suis votre ami, si vous voulez suivre mon conseil, je vous offre de vous faire entrer dans un état où vous n'aurez besoin ni d'apprentissage ni du consentement de votre père pour être admis; ou même, à cause de votre bonne mine, on vous paiera pour vous y recevoir.

— Et quel est cet état? demanda Jacques d'un air intrigué.

— Eh! l'état militaire, donc!... y en a-t-il un plus beau, un plus honorable, un plus magnifique pour un jeune homme de votre âge? Par là vous vous affranchissez de cette tutelle incessante d'un père qui vous traite encore comme un enfant de huit ans; au lieu de ce simple habit bourgeois, qui vous fait ressembler à un clerc de la basoche, vous endossez un brillant uniforme qui attire sur vous tous les regards; enfin, au lieu de trembler sans cesse sous la dépendance d'un père exigeant, vous devenez libre, vous devenez un homme.

— J'y avais déjà pensé quelquefois; mais je me suis laissé dire que le service militaire était bien pénible ; qu'on était mal nourri, mal logé, mal payé.

— Et qui vous a fait ces contes ? des imbéciles qui n'y connaissent rien. Sans doute il y a dans l'armée des corps où le service est pénible ; mais il y en a d'autres où l'on est comme des coqs en pâte. Si vous êtes décidé à vous engager, venez me trouver, moi qui suis votre ami, je ne veux pas vous prendre en traître. Je vous ferai connaître le fort et le faible de la chose ; je vous indiquerai les meilleurs régiments, où je me charge de vous faire entrer, et vous choisirez celui qui vous conviendra le mieux. Tenez, voulez-vous venir sans façon déjeuner demain avec moi ? nous causerons amplement de l'affaire, et puis après vous ferez vos réflexions et vous prendrez un parti. »

Le soir même de cette conversation avec le recruteur, l'oncle Antoine annonça à Jacques que dans quatre jours au plus tard ils partiraient d'Orléans, le lieutenant criminel lui ayant fait dire que, passé ce délai, il n'aurait plus besoin d'eux pour l'instruction du procès. En conséquence il prévint

Jacques de mettre au courant ses écritures avant ce moment, et de se tenir prêt à l'aider à l'emballage des marchandises. Jacques promit tout ce que son père voulut, bien résolu à ne pas tenir ses promesses.

Le lendemain de bonne heure, il rejoignit son ami Jolicœur, et, tout en déjeunant, la conversation de la veille fut remise sur le tapis. Le sergent expliqua à Jacques les services et les travaux attachés à chaque arme, et lui fit entendre que l'infanterie et l'artillerie ne sauraient lui convenir, parce que, dans l'une, il fallait souvent soutenir de longues marches avec un attirail excessivement pesant sur le dos ; dans l'autre, on était sujet à faire des manœuvres de force, à monter, à démonter des canons, à transporter dans les parcs et à entasser des bombes et des boulets, toutes opérations des plus pénibles, et souvent dangereuses. Enfin restait le service de la cavalerie ; encore là fallait-il faire un choix. Selon lui, et pour plusieurs raisons qu'il lui détailla, la grosse cavalerie ne saurait lui convenir ; restait donc la cavalerie légère, et dans celle-ci les hussards. « Ah! voilà, mon cher, s'écria Jolicœur avec enthousiasme, voilà ce qui vous convient. Joli uniforme, qui vous siéra à ravir, et pas grand'chose à faire, ce qui vous ira encore mieux.

— Ah! oui, répondit Jacques, j'ai vu dernièrement à Chartres un détachement de hussards; c'est assez gentil, leur uniforme, quoique un peu sombre.

— Je le crois bien; c'étaient les Chamborand, dont l'uniforme est de la couleur des capucins; mais ce n'est pas dans ce régiment-là que je vous proposerais d'entrer : d'abord, parce qu'il se recrute presque tout entier à l'étranger, et qu'on n'y admet guère que des Allemands ou au plus des Alsaciens; ensuite parce que, comme vous l'avez remarqué judicieusement, son uniforme est trop laid. C'est dans le 6e que je me proposerais de vous engager. Voilà ce qui peut s'appeler un régiment modèle; il est tout français, et de nouvelle formation; il n'est presque composé que de fils de famille les plus huppés; aussi l'uniforme est-il on ne peut plus coquet : dolman bleu de ciel avec des tresses en or; pantalon et bottes à la hongroise; pelisse écarlate bordée et doublée d'astracan, et retenue coquettement sur l'épaule par une tresse d'or, shako bleu de la couleur du dolman, avec une flamme rouge qui se déroule et voltige au vent; rien, vraiment, n'est plus délicieux.

— Et vous me dites qu'on est bien dans ce régiment?

— Foi de Jolicœur, si je n'avais pas l'honneur d'être sergent recruteur, je voudrais être simple hussard au 6°. J'y ai fait entrer plus de trente jeunes gens de votre âge, et tous les jours je reçois d'eux des lettres de félicitation et de remercîment. Le fait est qu'il n'y a pas dans l'armée deux régiments qui lui ressemblent. Tenez, pour vous en faire une idée, je vais vous donner un aperçu de la vie qu'on y mène.

« Le matin, en été, à cinq heures, en automne, à six, et à sept en hiver, on sonne la diane. Le brigadier de chaque peloton réveille ceux des hussards qui ne l'auraient pas été par le son de la trompette, et les prie poliment de se lever, — car je vous ferai remarquer qu'on est toujours très-poli au 6ᵉ hussards; — on vous accorde un quart d'heure, vingt minutes au plus pour votre première toilette du matin, mais pas davantage.

— Oh! c'est bien assez.

— Certainement. Alors une seconde sonnerie se fait entendre. Le brigadier vous conduit à la cantine, où l'on donne à chaque homme un petit verre d'eau-de-vie ou un verre de vin blanc à son choix, pour chasser le brouillard du matin. Les anciens prennent ordinairement un verre d'eau-de-vie, les nouveaux préfèrent un verre de vin blanc; c'est comme on veut, mais on ne permet à personne d'en prendre davantage, à moins qu'il n'ait de l'argent dans sa poche pour le payer.

— C'est entendu.

— De là on va à l'écurie; on selle son cheval, et, s'il fait beau, on va faire un tour de promenade, histoire d'ouvrir l'appétit et de préparer l'estomac au premier déjeuner; s'il pleut, on fait pendant une demi-heure, une heure au plus, quelques exercices d'équitation dans un manége couvert, puis on reconduit son cheval à l'écurie et l'on remonte dans la chambre, où l'on vous sert une tasse de café au lait ou une assiette de soupe au choix, mais rien de plus.

— Je n'en demanderais pas davantage.

— Ensuite on procède à sa dernière toilette; on se peigne, on tresse ses nattes (1), on cire ses bottes et sa sabretache; car remarquez, mon cher, qu'on n'a pas de domestique pour faire cette besogne.

— Oh! ça, je le conçois.

— Ces diverses opérations durent jusqu'à onze heures. Alors on doit être habillé, et l'on va passer l'inspection de l'officier de semaine, qui examine si rien ne manque à votre toilette. On vous fait faire ensuite deux ou trois tours dans la cour du quartier; on vous apprend à manœuvrer le mousqueton ou le sabre, tout cela encore histoire de vous donner de l'appétit pour le dîner. Au coup de midi juste, la trompette sonne la soupe;

(1) Dans ce temps-là les hussards portaient des nattes de cheveux qui leur tombaient jusque sur les épaules.

alors on se rend dans les salles où le dîner est servi. Il se compose habituellement de la soupe, du bouilli, d'un plat de légumes, un plat de dessert, fromage ou fruit selon la saison, et d'une bouteille de vin par homme dans les pays vignobles, d'une bouteille de cidre ou de bière dans les autres ; pain, non pas à discrétion, mais à raison d'une livre et demie par homme, voilà l'ordinaire. A la fête du roi, du colonel, du major, du capitaine, etc., on ajoute un plat d'extra; mais c'est là tout, il ne faut pas compter sur autre chose.

— Mais c'est déjà fort honnête, et bien des bons bourgeois se contenteraient de cet ordinaire-là.

— Je le crois ; mais je dois vous dire les choses telles qu'elles sont, sans rien exagérer, sans rien aussi retrancher. Après le dîner, on achève sa toilette, on endosse la pelisse, on suspend à son côté le bancal et la sabretache, et l'on va faire en ville un tour de promenade. Quand on a de l'argent disponible, ou de la vaisselle de poche, comme on dit au 6° hussards, on va avec des camarades passer la journée dans quelques guinguettes des environs, ou au café, ou au cabaret, selon les moyens et les circonstances. Seulement il faut faire attention, si l'on veut souper, de rentrer au quartier à six heures précises, heure à laquelle la trompette sonne ce repas. Si l'on y manque seulement de dix minutes, on risque de trouver table nette. Voilà de ces petites exigences auxquelles il faut nécessairement s'habituer; car, après tout, un régiment n'est pas une famille, où l'on peut mettre de côté la part d'un des membres retardataires.

— Oh! cela c'est tout naturel, et l'on ne saurait s'en plaindre. Et en quoi consiste le souper?

— Pour ce repas, j'en conviens, c'est peu de chose; parce que, comme la plupart des hussards ont passé l'après-midi dans les cafés et les cabarets, et qu'ils n'ont pas grand appétit, on ne leur sert qu'un rôti de veau, ou de mouton, ou de porc, avec une salade; quelquefois, assez rarement, un plat de légumes; mais toujours la bouteille de vin, de cidre ou de bière, comme à dîner. Seulement, jamais à ce repas on ne donne de dessert; et il ne faut pas s'aviser d'en demander, on vous rirait au nez.

— Je le crois bien ; mais tout cela est bien suffisant, ce me semble ; et après ?

— Après le souper, dans l'été, s'il fait beau, on va faire un tour de promenade jusqu'à l'heure de la retraite, ou plus tard si on a la permission de dix heures ; en hiver, ou quand il fait mauvais temps, on passe la soirée à jouer aux cartes, aux dominos, à chanter ou à faire des armes, etc., jusqu'à l'extinction des feux, c'est-à-dire jusqu'à onze heures du soir ; mais on ne vous permet pas de veiller une minute de plus.

— Mais il me semble que c'est bien assez comme ça. Et est-on bien couché ?

— Pour cela, il n'y a rien de bien extraordinaire ; il ne faut pas vous attendre à avoir deux ou trois matelas, un lit de plumes, un édredon, des courtes-pointes piquées ; non, mon ami, je dois vous dire les choses telles qu'elles sont ; après cela, vous comprenez qu'un militaire ne peut pas être couché délicatement comme un bon bourgeois. Ainsi, au 6ᵉ hussards, on a tout simplement un matelas, un sommier, une paillasse, des draps pas très-fins, mais toujours blancs, une couverture de laine, un simple traversin, mais pas d'oreiller ; ah ! il ne faut pas compter sur un oreiller !

— Bah ! un oreiller ! c'est du luxe ; un lit tel que vous me le proposez là me paraît on ne peut plus convenable ; mais vous ne m'avez rien dit des manœuvres, des exercices, etc. ?

— Oh ! parce que ceci est un détail insignifiant. Dans les autres corps, je ne dis pas, on vous fait perdre un temps infini à vous apprendre les principes d'équitation, les manœuvres par peloton, par escadron, par division ; on vous fait charger en ligne, exécuter toutes sortes de marches et de contremarches, qui n'en finissent point ; mais dans les hussards, c'est tout différent. C'est une cavalerie qui ne se bat jamais en ligne, qui ne charge qu'en fourrageurs, et qui, par conséquent, n'a pas besoin d'apprendre toutes ces théories qui ne peuvent servir qu'à la cavalerie de ligne ou de réserve. »

Ici s'arrêtèrent les explications du sergent Jolicœur. Le cousin Jacques, enchanté, demanda à signer son engagement; le recruteur, le voyant parfaitement décidé, ne parut y mettre aucun empressement. Il lui répéta souvent qu'il devait réfléchir encore pendant quelques jours.

« Mais dans quelques jours il sera trop tard, s'écria le cousin Jacques, puisque nous partons dans trois à quatre jours.

— En ce cas, signez, mon jeune ami; buvez un coup à la santé de Sa Majesté Louis XVI, et criez : Vive le roi ! »

Quand le cousin Jacques eut exécuté ces trois choses, le sergent Jolicœur se leva, s'avança gravement vers lui, les bras ouverts, et lui donna l'accolade fraternelle, comme à un nouveau compagnon, un nouveau frère d'armes.

L'engagement signé, on songea au départ. Jacques, comme on le pense bien, n'avait pas l'intention de faire ses adieux à son père. Si Jolicœur eût voulu le croire, il serait parti le soir même de la signature; mais le sergent avait plus de prévoyance.

« Il faut, lui dit-il, rentrer aujourd'hui chez votre père, faire vos écritures comme à l'ordinaire, afin qu'il ne se doute de rien ; puis vous prendrez dans la caisse tout l'argent que vous pourrez emporter, vous viendrez ensuite me trouver ; nous aurons des chevaux prêts, et nous filerons au galop sur la route de Paris. »

Le cousin Jacques témoigna d'abord quelque répugnance de voler ainsi son père.

« Comment ! s'écria Jolicœur, vous appelez cela voler ! mais c'est tout au plus un emprunt que vous faites à la caisse sociale ; et, puisque vous êtes associé de votre père, n'avez-vous pas une part légitime dans les bénéfices de la société ? Eh bien, puisque aujourd'hui vous vous retirez de la société, vous avez le droit, ce me semble, de retirer aussi cette part de bénéfices. »

La conscience fort peu scrupuleuse du cousin Jacques parut se contenter de ces arguments captieux. Il fut convenu qu'il écrirait à son père une lettre pour l'instruire de sa résolution et de la liquidation forcée qu'il faisait de leur société commerciale.

« Car, disait sentencieusement Jolicœur, il faut toujours mettre les bons procédés de son côté. Et combien pensez-vous, ajouta-t-il en même temps, vous procurer d'argent ?

— Mais environ mille écus, peut-être même un peu plus.

— Tâchez que ce soit plus ; si vous pouviez aller à quatre mille francs, ce ne serait pas trop. Songez que vous allez entrer dans un régiment composé, comme je vous l'ai dit, presque entièrement de fils de famille ; il faut donc que vous vous y présentiez autrement mis que vous ne l'êtes aujourd'hui. En passant par Paris, je vous ferai acheter des habits convenables et à la dernière mode. Ensuite, si vous voulez être bien vu à votre arrivée au régiment, il faudra payer votre bienvenue, régaler les camarades, les brigadiers, les sous-officiers, et ce sera le moyen d'être traité comme un véritable enfant gâté. »

Jacques ne suivit que trop scrupuleusement les conseils de son ami Jolicœur. Le soir même, il vint le trouver en apportant une sacoche qui contenait trois mille cinq cents livres en louis d'or de vingt-quatre et de quarante-huit francs, et en écus de six et de trois livres. Il n'avait laissé dans la caisse qu'environ deux cents francs en menue monnaie, encore parce que cette somme l'eût embarrassé. Au moment de quitter la chambre où son père dormait paisiblement, il eut un instant de remords et d'hésitation. Peut-être allait-il céder un à bon sentiment de repentir et s'arrêter avant d'accomplir entièrement sa faute, quand tout à coup il entendit le sergent recruteur, qui l'avait accompagné, frapper violemment le pavé du bout de sa canne, et siffler en même temps l'air de *Marlborough*. C'était le signal convenu pour annoncer que la rue était libre, et que personne ne pouvait les remarquer.

Jacques poussa un soupir, il eût peut-être encore hésité; mais, se rappelant qu'il avait définitivement signé son engagement, il se dit en lui-même : Il est trop tard! et en quelques secondes il eut rejoint son tentateur.

A l'instant même ils partirent pour Paris, où ils firent leur entrée le lendemain soir. Jacques, fatigué de son voyage, se coucha en arrivant. Le lendemain matin, en s'éveillant, il trouva à côté de son lit un habillement complet à la dernière mode. Jolicœur le lui fit essayer, trouva qu'il allait à ravir ; puis il lui fit chausser des bas de soie, des souliers à boucles d'argent, lui mit deux montres avec chaînes et breloques dans les goussets de sa culotte, et le proclama un jeune homme parfait, et qui serait remarqué aux Tuileries et au Cours-la-Reine.

Toute cette toilette, y compris les montres, était pour rien ; il l'avait, lui Jolicœur, achetée, pour moitié prix de sa valeur, à un fripier de ses amis, et il voulait que son ami Jacques profitât d'un si bon marché.

C'était, en effet, pour rien ; car le prix d'une si magnifique défroque ne s'élevait qu'à douze cent quarante-deux livres huit sols six deniers.

Jacques compta sans rien dire la somme au sergent, qui la mit gravement dans sa bourse ; puis il invita son *camarade,* comme il daignait appeler Jacques, à aller faire un tour de promenade.

Jacques resta environ quatre à cinq jours

à Paris, pendant lesquels il dépensa douze à quinze cents livres, toujours en compagnie de son ami Jolicœur. Enfin, quand celui-ci jugea convenable de faire partir le nouveau soldat pour sa destination, il l'embarqua pour Lunéville, où le 6ᵉ hussards tenait garnison.

CHAPITRE V

La réalité au 6ᵉ hussards. — Le baptême du hussard.
— Les explications. — Agrément de la vie de soldat.
— Le cousin Jacques déserte, et est condamné à mort
par contumace.

En arrivant à Lunéville, où il s'était rendu par le coche, c'était le nom qu'on donnait alors aux diligences, le cousin Jacques, selon la recommandation que lui en avait faite son ami Jolicœur, se fit friser, pommader et poudrer à blanc, endossa son bel habit neuf, en un mot, fit une toilette des plus soignées, et dans cet équipage il se fit conduire, par un garçon de l'hôtel où il était descendu, à la porte du quartier de cavalerie.

Cette porte cintrée, ressemblant à celle

d'une forteresse, s'ouvrait sur une voûte assez obscure. Devant la voûte, un factionnaire se promenait le sabre au poing ; sur le côté, à demi couché sur une des larges bornes de la porte, un maréchal des logis suivait d'un air distrait la fumée de sa pipe ; sous la voûte, deux soldats à cheval sur un banc jouaient à la drogue avec des cartes crasseuses.

Le cousin Jacques se dirigea d'un pas ferme vers la voûte. Mais une première et cruelle déception l'attendait sur le seuil. C'était l'heure des corvées du régiment. De tous côtés, le long des bâtiments et des écuries, des hommes allaient et venaient, les uns chargés de bottes de fourrage, les autres pliant sous le faix de lourdes civières de fumier, ou poussant devant eux des brouettes malpropres. Bon nombre, armés de balais de bouleau, faisaient la toilette des cours.

Tous ces hussards étaient en tenue d'écurie : un pantalon de toile écrue, et une petite veste écourtée. Quelques-uns étaient en manches de chemises, et quelles chemises ! à faire croire qu'on les avait savonnées avec de la suie.

Pour coiffure, ils portaient d'affreuses petites calottes d'un gris sale. Tous avaient les pieds nus dans d'énormes sabots, *escarpins de cuir de brouette,* douillettement garnis de paille. Du reste, la plus grande activité.

Immobile, pétrifié sous la voûte d'entrée, le cousin Jacques contemplait d'un œil morne ce spectacle, qui renversait l'édifice de ses illusions. « Eh quoi! se disait-il, ce sont là ces brillants hussards, si fiers sur leurs beaux chevaux! c'est là l'existence que me vantait tant le sergent Jolicœur! Serai-je donc ainsi demain? »

Il était sur le point de s'enfuir, lorsque le maréchal des logis assis devant la porte lui demanda poliment s'il attendait quelqu'un. A cette simple question, le cœur de Jacques se serra. Sans mot dire, il tira sa feuille de route et la présenta au sous-officier. Celui-ci, après avoir parcouru le papier, au lieu de ce ton insouciant et poli qu'il avait tout à l'heure, prit un air sardonique, et, toisant le nouveau venu du haut en bas, il lui dit en ricanant : « Ah! vous êtes une nouvelle recrue; eh bien! vous pouvez vous flatter d'avoir une fière chance ! » Puis, avisant un fourrier qui sortait : « Ohé, lui cria-t-il, voilà un hussard tout neuf, qui n'a jamais servi ; dis-lui donc ce qu'il doit faire. » Et poussant Jacques par les épaules : « Allez donc, lui dit-il, vous présenter à qui de droit. »

Le cousin Jacques suivit le fourrier, et, grâce à lui, eut bientôt terminé toutes les formalités de son admission au régiment. Mais il était si troublé, qu'il n'entendit absolument rien de ce que lui dirent l'intendant, le chirurgien-major, un capitaine et un maréchal des logis chef, auxquels il fut successivement présenté.

En rentrant au quartier, et lorsque seulement il commençait à se remettre un peu, le complaisant fourrier fut obligé de lui répéter que désormais il faisait partie du 4º peloton du 1ᵉʳ escadron.

Jacques et son guide traversaient alors un grand corridor étroit et sombre, aux murs horriblement maculés. Le fourrier ouvrit une porte, et poussant le nouveau hussard : « Entrez, lui dit-il, voilà votre chambre. »

Brusquement introduit dans la chambre

du 4ᵉ peloton, Jacques ne put faire plus de deux pas, saisi à la gorge par l'émotion et par l'odeur âcre répandue dans l'atmosphère. Il est difficile, pour celui qui ne l'a jamais vue, de se faire une idée d'une chambrée de cavalerie, avant midi. Dans un espace relativement étroit, vivent, mangent, boivent, dorment de vingt à quarante hommes. Des lits, placés autour de la salle, la tête au mur, à deux pieds environ des uns les autres, une table massive, deux bancs grossiers, une cruche de grès, une large planche suspendue au plafond, dite la *planche à pain,* voilà pour l'ameublement.

Dans l'après-midi, aux heures des revues, les armes du cavalier et le harnachement du cheval, symétriquement disposés à leurs râteliers le long des murailles, deviennent un ornement d'un bel effet. Mais tout cet attirail le matin, lorsque le régiment descend de cheval, surtout s'il a fait mauvais temps, donne à la chambre une certaine analogie avec le chaos. C'est alors un pêle-mêle horrible de selles et de brides boueuses, d'armes maculées de fange, de gibernes, de sabretâches, de buffleteries, immense confusion dont on semble ne pouvoir sortir. Une incroyable activité règne au milieu de ce désordre. On cire, on polit, on astique, on blanchit avec fureur. Le blanc et le cirage coulent à flots. L'odeur du cirage vient se mêler à celle de vingt pipes allumées, brûlant un tabac grossier; et ces odeurs, mêlées à une foule d'autres émanations qu'il serait impossible au plus habile chimiste d'analyser, composent cette exhalaison indescriptible, appelée par un écrivain célèbre « le parfum du bivac », et qui saisit à la gorge notre pauvre cousin Jacques quand il mit pour la première fois le pied dans sa chambrée.

L'entrée d'un jeune homme élégamment vêtu fit sensation. Toutes les brosses s'arrêtèrent. Il y eut une pause de plus d'une minute. Enfin, comme le silence du nouveau venu ne paraissait pas près de finir, un des cavaliers lui adressa la parole : « Vous venez visiter le quartier? demanda-t-il. — Non, dit Jacques, je suis engagé dans votre régiment. »

A ces mots il y eut une explosion de cris,

d'éclats de rire, de ricanements, qui acheva de déconcerter le pauvre Jacques. « Il me tarde de lui voir monter sa garde d'écurie, en culotte de soie, en escarpins avec boucles d'argent, disait l'un. — C'est encore un Parisien à gros bec, disait un autre. — Je parierais, reprit un troisième, que c'est une recrue du sergent Jolicœur, il en a toute la touche. — C'est-y vrai, demanda un des anciens, que c'est le sergent Jolicœur qui vous a engagé? — Oui, répondit tristement Jacques. — J'en étais sûr. Ohé, s'écria le hussard de manière à se faire entendre de toute la chambrée, le nouveau camarade est encore une recrue du sergent Jolicœur. » Et de nouveaux éclats de rire retentirent de toutes parts. Aussitôt plusieurs voix appelèrent : « Mouffetard! Mouffetard! — Voilà, voilà, » répondit une voix qui partait d'une chambre voisine; et en même temps apparut sur la porte un petit hussard, à la mine égrillarde, au sourire narquois, et qui tenait à la main un pot de cirage et un pinceau. « Que me voulez-vous, vous autres? je suis occupé à cirer la sabretache du *marchef,* — dont j'ai celui d'être le brosseur, — et je n'ai pas le temps d'écouter vos sornettes.

— Mais c'est pour te dire, cria le vieux hussard, que v'là un pays qui t'arrive, une pratique au sergent Jolicœur. » Et il lui montrait Jacques.

« Comment! Monsieur est des nôtres ? s'écria Mouffetard; je lui en fais mon compliment. » Et s'approchant de Jacques, il lui fit un salut moitié sérieux, moitié grotesque, qui fit éclater de nouveaux rires. Le pauvre cousin ne savait quelle contenance tenir, quand tout à coup le cavalier, qu'on appelait Mouffetard, parce qu'il était né dans cette rue du faubourg Saint-Marceau, s'écria joyeusement : « Oui, certainement, Monsieur est bien une recrue du sergent Jolicœur : et la preuve, c'est qu'il porte le même habit que j'avais moi-même quand j'ai eu l'honneur d'entrer dans cet honorable régiment, et qui a servi déjà à quatre ou cinq de nos camarades dans les mêmes circonstances... Vous savez, vous, ajouta-t-il en clignant de l'œil et en faisant un signe aux hussards qui l'entouraient, vous savez ce que ça veut dire, et ce que ça promet. Ah çà! vous autres, avez-vous déjà proposé à Monsieur de le baptiser hussard?

— Non, non, répondirent toutes les voix.

— Eh bien, faut procéder sans retard à la cérémonie. » Et aussitôt une douzaine de hussards, bizarrement costumés, armés de pinceaux à cirage et d'éponges à blanc, entourèrent le nouveau venu. Alors le plus ancien de la chambrée lui expliqua que, conformément à l'usage, on allait le baptiser hussard en noir ou en blanc, à son choix; qu'il eût donc la complaisance d'ôter préalablement son habit, sa veste et sa chemise, en gardant toutefois sa culotte.

Cette fois le cousin Jacques ne savait plus s'il devait rire ou se fâcher, lorsqu'un mot prononcé par Mouffetard l'éclaira. « Camarades, arrêtez! s'écria-t-il, je suis dans mon tort; j'aurais dû, tout en entrant, payer ma bienvenue; mais je veux réparer mon oubli. » Brosses et pinceaux se retirèrent à l'instant. « Je vous invite tous à me suivre à la cantine. »

L'invitation fut acceptée, et, de mémoire

de hussard, jamais réception n'avait été aussi belle : la dépense dépassa quarante francs (1).

La glace était rompue, et les épanchements commencèrent. Jacques désirait être édifié sur le compte du sergent Jolicœur, et bientôt il fut amplement satisfait. On cessa de *gouailler* un jeune homme qui payait si généreusement sa bienvenue ; on alla même jusqu'à le plaindre d'être tombé dans les griffes du sergent Jolicœur, le plus roué et le plus fripon de tous les recruteurs passés, présents et futurs. Jacques, devenu plus expansif par ces marques de bienveillance, raconta comment Jolicœur l'avait alléché par le tableau séduisant de la vie qu'on menait au 6ᵉ hussards.

« Ah ! oui, oui, s'écria Mouffetard, je connais la rengaine... : la tasse de café le matin, à midi la soupe et le bœuf, et le plat de légumes, et le rôti, et la salade, et la bouteille de vin à chaque repas, ah ! ah ! ah ! et la promenade à cheval pour ouvrir l'appétit. A moi,

---

(1) Voir les *Types et Profils militaires à pied et à cheval*, par Gaboriau, où nous avons puisé quelques traits de l'esquisse qui précède.

il est allé jusqu'à me dire qu'on donnait des serviettes pour nous essuyer le bec, et que chaque hussard avait un garçon d'écurie pour panser et seller son cheval. Ne vous a-t-il pas parlé aussi des fils de famille qu'il avait fait entrer dans notre régiment?

— Certainement il m'en a parlé, et même il m'a dit qu'il y en avait encore une vingtaine.

— Ça, c'est à peu près la vérité; à preuve que moi je suis un de ces fils de famille, puisque ma mère est marchande de poissons au marché des Patriarches, et mon père est donneur d'eau bénite à Saint-Médard. Quant aux autres prétendus fils de famille qu'il a procurés au régiment, la plupart sont des chenapans finis, dont deux ou trois ont déjà passé au conseil de guerre. C'est au point que le colonel avait voulu défendre de recevoir à l'avenir les recrues envoyées par Jolicœur; mais quelqu'un que je connais, et que je ne nommerai pas, y trouve trop bien son compte, et chaque recrue lui procure au moins cinq à six pistoles, rien que sur la vente de ses habillements bourgeois. Les vôtres, par exemple, lui rapporteront au moins trois à quatre louis.

— Les miens? s'écria Jacques; mais j'espère bien ne pas les vendre.

— Et qu'en ferez-vous? vous y serez bien forcé. Demain on va vous donner un uniforme complet de hussard; on vous défendra expressément de vous habiller en bourgeois, et, pour vous en ôter la tentation, on vous ordonnera expressément de vous défaire de votre défroque civile. Aussitôt certain particulier vous proposera de vous la payer comptant le demi-quart au plus de ce qu'elle vous aura coûté; vous aurez beau faire la grimace, vous serez forcé d'en passer par là. Alors votre habit et ses accessoires, proprement repliés et emballés, seront renvoyés au sergent Jolicœur, qui cherchera une nouvelle occasion de les placer aussi avantageusement. C'est ainsi, comme j'ai eu l'honneur de vous le dire, que votre costume d'aujourd'hui a déjà paru cinq ou six fois au moins au régiment. Après cela il y en a d'autres moins élégants, mais qu'on ne fait prendre qu'aux pauvres diables qui n'ont pas le gousset bien garni. Quant à celui-ci, c'est le numéro 1, et il indique, dans celui qui en est revêtu, un fils de famille bien fourni de *quibus*, et qui se montre généreux avec les camarades, ainsi que vous venez de le faire d'une manière on ne peut plus distinguée. »

Chacun applaudit à la fin de la harangue de Mouffetard ; le plus ancien de la troupe déclara que Jacques faisait bien dûment partie du 4⁰ peloton du 1ᵉʳ escadron ; que tous ses camarades lui prêteraient aide et assistance, le mettraient au courant de toutes les petites exigences du service, lui épargneraient, autant que possible, dans les commencements surtout, les corvées trop pénibles. « Allons, ajouta-t-il en finissant, maintenant assez causé. Le coup de l'étrier à la santé du nouveau camarade, et retournons vivement à la chambrée achever d'astiquer nos bibelots. »

Je n'ai pas l'intention, mes enfants, de vous raconter en détail la vie du cousin Jacques au régiment, pendant deux à trois ans qu'il y passa. Je vous dirai seulement que jamais il ne put s'accoutumer à l'existence de soldat, et que, dès le jour de son arrivée jusqu'à son départ, il regretta amèrement la faute qu'il avait commise de quitter son père d'une manière aussi indigne. La punition de ce crime ne se fit pas attendre, et l'on peut dire qu'elle le poursuivit toute sa vie, comme vous le verrez plus tard. Tant qu'il eut de l'argent, il fut très-bien vu de ses camarades et même de ses chefs inférieurs, qui daignaient de temps en temps accepter une politesse; mais quand il fut réduit à sa solde, qu'il fallut faire par lui-même toutes ses corvées, qu'il se vit à chaque instant puni pour des bagatelles par ces mêmes brigadiers qui le flattaient quand il avait de l'argent, le métier de soldat lui devint tout à fait insupportable. Un jour, se trouvant placé en vedette aux avant-postes de l'armée, — c'était au moment où éclataient les premières guerres de la révolution, il déserta avec armes et bagages et passa la frontière. Un conseil de guerre le condamna à mort par contumace. Ce jugement fut signifié à son père, et ce fut la dernière fois qu'il entendit parler de son fils.

CHAPITRE VI

L'oncle Antoine après le départ de son fils. — Le mort vivant. — Fin des aventures du cousin Jacques.

Tandis que le cousin Jacques se faisait condamner comme déserteur, revenons un peu sur nos pas, et jetons un coup d'œil rapide sur ce qu'était devenu son père depuis son départ.

Je n'essaierai pas de vous décrire la douleur profonde, le violent dépit, la colère et tous les sentiments divers qui bouleversèrent l'âme de l'oncle Antoine, quand il découvrit, le matin en s'éveillant, qu'il avait été indignement abandonné et volé par son fils. Il accusait sa faiblesse, sa coupable indulgence, qui était cause de toutes les fautes dans lesquelles il était tombé, et qui l'avait entraîné à la plus grave de toutes. Tantôt il voulait le poursuivre, le faire enfermer au Fort-l'Évêque, faire condamner son complice à la potence; c'était le conseil que lui donnaient bon nombre de ses amis et connaissances. Mais un homme de loi qu'il consulta lui fit voir les dangers et les embarras d'un procès dont l'issue était plus que douteuse, car la puissance paternelle n'allait pas jusqu'à faire rompre un engagement militaire régulièrement contracté ; quant au vol, il perdait beaucoup de sa gravité par suite de la société commerciale établie entre le père et le fils; et la doctrine, quoique passablement paradoxale, émise par Jolicœur, pourrait rencontrer des partisans, car les plus détestables causes ont toujours des avocats, qui les gagnent même quelquefois.

L'oncle Antoine, après mûre réflexion, finit par abandonner cette affaire. « Qu'il devienne maintenant ce qu'il voudra, disait-il, qu'il aille où il lui plaira, je ne veux plus m'en occuper, je ne veux plus y songer. Je le livre entièrement au sort qu'il a voulu se faire lui-même; je n'ai pas besoin de m'occuper de le punir; Dieu s'en chargera, et le châtiment de sa faute ne se fera pas attendre. Puisse-t-il seulement le corriger et le ramener à de bons sentiments: c'est là tout ce que je désire; mais c'est plus que je n'espère. »

Ce fut vers ce temps-là que l'oncle Antoine vint trouver ma mère, comme je vous l'ai dit en commençant, et m'emmena avec lui pour remplacer le fils qui l'avait si vilainement quitté. Je m'attachai bien sincèrement à ce brave oncle, et je cherchai, par mon application, mon travail et ma conduite, à le dédommager de la perte qu'il avait faite. C'était la bonté même que l'oncle Antoine, et il fallait réellement que le cousin Jacques eût un bien méchant caractère pour pouvoir affliger un homme si facile et si doux, qui eût craint de faire de la peine à un enfant.

Au bout de deux ans, j'étais parfaitement au courant du commerce. Mon oncle alors m'associa à ses affaires, comme il y avait associé son fils. J'étais si bien au courant de la besogne, qu'il me confiait quelquefois à moi seul une partie des tournées, ce qu'il n'avait jamais fait à Jacques. Quand il apprit sa désertion et sa condamnation, il en fut frappé comme d'un coup de foudre. Il ne mangea ni ne but pendant deux jours, et cessa de s'occuper d'affaires. Ce qui augmentait son chagrin, c'est que nous nous trouvions précisément à cette même foire d'Orléans, d'où Jacques était parti pour sa belle équipée, quelques années auparavant. Ce souvenir, la présence de la plupart des marchands qui avaient connu Jacques et ses déportements, et qui maintenant apprenaient sa condamnation, — car elle avait paru dans les papiers publics, avec le signalement bien détaillé,— toutes ces choses, et bien d'autres encore, entretenaient et ravivaient la douleur de mon oncle. Enfin il tomba malade, et il fut obligé de garder le lit et la chambre pendant plus d'un mois.

Pendant ce temps-là toutes les affaires du commerce roulèrent sur moi. J'y mis toute mon activité et mon intelligence, et heureusement rien ne souffrit par ma faute. Quand mon oncle revint à la santé, il fut émerveillé de tout ce que j'avais fait, et il me dit :

« Écoute, mon cher Guillaume ; Jacques est désormais perdu pour moi, et je n'ai plus d'autre fils que toi. Je veux donc t'adopter pour mon enfant et t'instituer mon unique héritier.

— Mais, mon oncle, m'écriai-je, malgré sa condamnation, Jacques n'est pas mort ; il n'est pas impossible qu'il revienne un jour ou l'autre, et vous ne pouvez ni ne devez le déshériter.

— Si ton cousin Jacques revient, répondit-il, tu lui remettras la moitié de ce que je te laisserai à ma mort ; le reste t'appartient bien légitimement, et tu l'as bien gagné. »

Je n'insistai pas, pour ne pas le contrarier, me réservant, le cas échéant, d'agir selon ma conscience.

La santé de mon oncle fut dès lors toujours chancelante. Des pertes considérables, qu'il éprouva bientôt par suite du *maximum* et de la dépréciation des assignats, achevèrent de l'abattre ; enfin il succomba au mois de juin 1794.

On était alors en pleine Terreur. J'avais cessé mes tournées, tant à cause de la maladie de mon oncle que par suite du malheur des temps. Je ne les recommençai qu'après le 9 thermidor, encore en les restreignant beaucoup. Enfin, quand l'ordre fut tout à fait rétabli, sous le consulat, je repris mon ancien itinéraire, comme au temps de mon oncle.

Depuis que le calme et l'ordre étaient revenus, j'avais fait toutes les démarches possibles pour découvrir ce qu'était devenu le cousin Jacques; mais tout avait été inutile, et force m'avait été d'y renoncer. Je désespérais donc complétement d'avoir de ses nouvelles, quand il m'en arriva de la manière la plus inattendue.

Je me trouvais à cette même foire d'Orléans qui avait été témoin, dix à douze ans auparavant, des faits et gestes de mon cousin. J'étais logé au même hôtel où mon oncle avait l'habitude de descendre de temps immémorial. J'avais conservé la même voiture; le vieux Médor, malgré son grand âge, m'accompagnait toujours. Le cheval seul, dont il avait fallu se défaire pendant le chômage forcé des affaires, avait été remplacé par un autre, tout aussi pacifique et à peu près de même allure. Comme on le pense bien, j'étais parfaitement reçu de tous les hôteliers où j'avais l'habitude de descendre dans mes voyages. A Orléans, surtout, j'étais accueilli comme si j'eusse fait partie de la famille, et l'on avait autant d'égards pour moi que si j'eusse été un personnage d'importance.

Je mangeais habituellement à une table d'hôte dont les commensaux ordinaires étaient presque tous des marchands de ma connaissance. Un jour nous vîmes s'asseoir à notre table un étranger dont la mise et la tournure avaient quelque chose d'extraordinaire : une cravate énorme lui enveloppait la moitié de la figure ; il était coiffé en *oreilles de chien ;* son costume, en un mot, était celui des *incroyables* de l'époque. Il parla peu pendant le dîner ; à la fin du repas il s'approcha de moi, et me dit qu'il désirait m'entretenir en particulier.

Fort intrigué de ce que pouvait me vouloir ce singulier personnage, je l'emmenai dans ma chambre, et, dès que nous fûmes seuls, il me parla ainsi :

« Vous êtes sans doute le neveu d'Antoine Barlier, marchand mercier de Laigle?

— Oui, Monsieur, et c'est moi qui lui ai succédé dans son commerce.

— Comment! est-ce que le père Barlier est mort? demanda l'étranger en pâlissant.

— Oui, Monsieur, il y a au moins cinq à six ans.

— Quel malheur! moi qui venais lui donner des nouvelles de son fils.

— De son fils, de mon cousin Jacques? m'écriai-je à mon tour : est-ce que vous le connaissez? vit-il encore? ah! je vous en prie, dites-moi ce que vous savez de lui.

— Il est vivant et il est mort, » me répondit l'étranger d'un ton grave; et comme il voyait que je le regardais avec surprise, il s'empressa d'ajouter : « C'est une énigme que je vous expliquerai tout à l'heure. Mais il faut auparavant que je vous raconte l'histoire de votre cousin, depuis l'époque où il a quitté son père jusqu'à présent. Personne ne peut mieux le faire que moi; car j'ai été lié intimement avec lui depuis son arrivée au 6ᵉ hussards. »

Alors il me raconta tous les détails de la vie de Jacques au régiment, tels que je vous les ai rapportés moi-même : il me dit toutes les angoisses qu'il avait eu à souffrir, ses regrets d'avoir quitté son père, et la mauvaise honte qui l'avait toujours empêché de lui écrire pour implorer son pardon. Enfin, quand la guerre fut sur le point d'éclater, il avait remarqué de la part de plusieurs officiers un redoublement de sévérité à l'égard des soldats, surtout à l'égard de ceux qui étaient le plus souvent punis et par conséquent les plus mécontents. Jacques était de ce nombre, ainsi que son camarade Mouffetard. Un jour celui-ci lui dit que s'il voulait déserter avec lui, ils trouveraient un excellent accueil au delà de la frontière, où les princes émigrés formaient une armée qui allait bientôt rentrer en France avec les étrangers, renverser l'Assemblée nationale et rétablir le roi dans tous ses droits.

« Quand tu t'es engagé, lui disait-il, tu as prêté serment de fidélité au roi, et non pas à un tas d'intrigants qui lui font aujourd'hui la loi ; ainsi ce n'est pas déserter ni manquer à ton serment : c'est, au contraire, le remplir et rentrer dans les rangs de la véritable armée française, qui est aujourd'hui l'armée royale, sous les ordres du prince de Condé. »

Jacques n'était pas un profond politique ; il se laissa facilement entraîner, moins par conviction royaliste que pour échapper aux persécutions de son adjudant et de quelques autres chefs qui semblaient l'avoir pris en grippe en le punissant à tort et à travers.

Il déserta donc en compagnie de Mouffetard et de cinq ou six autres des plus mauvais sujets de l'escadron. Ils furent reçus à bras ouverts par les officiers émigrés chargés de recueillir les transfuges de l'armée française, et de les incorporer dans un des corps de l'armée royale. Jacques et ses camarades furent placés dans un régiment de cavalerie légère dont un grand nombre d'officiers appartenaient à l'ancien 6e hussards. Tous étaient nobles, et ils ne parlaient qu'avec mépris des sous-officiers qu'on avait élevés à leur grade pour les remplacer. Ils témoignaient beaucoup de bonté à leurs anciens soldats, et faisaient preuve d'une excessive facilité pour le service. Un d'eux, le marquis de Moussac, montra un empressement tout particulier pour Jacques Barlier; il lui fit donner les galons de brigadier, et, en toute occasion, il agissait comme un protecteur, je pourrais dire comme un ami dévoué. Jacques, de son côté, s'attacha au marquis, et la reconnaissance d'une part, la bienveillance de l'autre, formèrent une liaison étroite entre ces deux hommes si éloignés l'un de l'autre par la naissance et la position sociale.

Enfin la guerre éclata. Dans un des premiers combats auxquels prit part l'armée de Condé, le corps dont Jacques faisait partie fut presque anéanti. Ceux qui ne trouvèrent pas la mort en combattant étaient fusillés comme émigrés. Jacques avait été blessé, et laissé sur le champ de bataille, au milieu d'un monceau de morts et de mourants. Il n'avait pas perdu connaissance, mais il n'en sentait que plus vivement le danger de sa position;

s'il était découvert, il ne pouvait échapper à la mort. Alors le désir de conserver la vie lui suggère un moyen qui pouvait être fort dangereux, mais enfin qui lui donnait quelques instants de sécurité. Il dépouilla de ses vêtements un volontaire français tué à côté de lui, les revêtit, et habilla le cadavre de ses propres habits. Cette opération terminée, il s'éloigna péniblement de ce lieu sinistre, et se dirigea vers les premiers feux qu'il apercevait. C'étaient ceux de l'armée française; mais une pénible réflexion l'arrêta : si le corps auquel appartenait le soldat qu'il avait dépouillé se trouvait là ou dans le voisinage, on reconnaîtrait facilement qu'il y était étranger, et une enquête pourrait faire découvrir la vérité. Pendant qu'il faisait ces réflexions, une vedette l'aperçut et cria : *Qui vive!* Il répondit d'une voix faible : *Soldat blessé!* Quelques hommes du bivac allèrent à sa rencontre, et le ramenèrent. Sa pâleur, ses vêtements souillés de sang, indiquaient assez qu'il disait la vérité. « Conduisez-le à l'ambulance, » commanda l'officier du poste. Cet ordre fut exécuté.

Jacques tremblait que le chirurgien chargé du premier pansement ne trouvât extraordinaire que sa blessure, qui n'était pas grave, et qui provenait d'un coup de sabre, ne se trouvât pas en rapport avec les déchirures de ses vêtements, déchirures produites par une arme à feu; mais le chirurgien n'en chercha pas si long. Fatigué d'une longue journée de travail, il était à moitié endormi quand il interrogea Jacques, et il se contenta des réponses que lui fit ce dernier. Puis, après lui avoir posé le premier appareil, il le fit transporter à l'hôpital. Là étaient entassés pêle-mêle une foule de blessés appartenant à toutes les armes, à tous les grades. C'était une confusion, un désordre incroyables. Au milieu de ce tohu-bohu, Jacques trouva encore moyen de changer son vêtement, qui aurait pu le compromettre, contre une capote d'infirmerie dont les boutons ne portaient aucun numéro; il avait eu soin toutefois auparavant d'en retirer un livret, qui portait le nom du soldat tué dont il avait pris la dépouille. C'était un nommé Joseph Brisset, fusilier au 3ᵉ bataillon des volontaires de la

Côte-d'Or. Après s'être assuré qu'il n'y avait personne de ce bataillon dans l'hôpital, et de plus ayant appris que ce corps avait été envoyé dans une autre direction, il n'hésita pas à prendre le nom de cet homme et à se faire inscrire sous ce nom sur les registres de l'hôpital.

Le jour même où il prenait ainsi un nom étranger, on lut dans les salles de l'hôpital l'ordre du jour relatif au combat de l'avant-veille ; là il apprit qu'au nombre des morts avaient été trouvés plusieurs émigrés et déserteurs français, parmi lesquels il y avait le nommé Jacques Barlier, ancien cavalier au 6e hussards, déjà condamné à mort pour crime de désertion. Le livret de Jacques Barlier, retrouvé dans ses vêtements dont il avait recouvert le cadavre de François Brisset, avait causé cette erreur.

En apprenant sa mort officiellement constatée, Jacques Barlier commença à se rassurer. Il obtint, sous le nom de François Brisset, un congé de convalescence, dont il profita pour s'éloigner le plus possible de l'endroit où il savait que se trouvait le 3e bataillon de la Côte-d'Or. Il ne voulait pas non plus reprendre du service. Il était dégoûté à tout jamais de la vie militaire; il lui vint alors à l'idée de se diriger vers le château de Moussac, où il savait que résidait la famille de l'officier qui lui avait témoigné tant d'intérêt à l'armée de Condé. Ce ne fut pas sans peine qu'il y parvint; mais enfin il réussit, et il trouva la vieille marquise de Moussac, qui, par une exception fort extraordinaire à cette époque, n'avait pas été fort inquiétée pendant la révolution. Elle fut enchantée de recevoir des nouvelles de son fils, quoique ces nouvelles ne fussent pas bien fraîches. A compter de ce moment, Jacques Barlier ou François Brisset, comme vous voudrez, s'installa au château de Moussac, où il est resté jusqu'à ces derniers temps, mangeant bien, buvant bien, et ne faisant pas grand'chose, geure de vie qui lui a toujours convenu à merveille. Mais l'année dernière, M. le marquis, s'étant fait rayer de la liste des émigrés, est rentré en France, et est venu rejoindre sa mère. Il savait que Jacques était au château, et, tout en arrivant, il lui fit part de projets importants qu'il avait formés avec quelques-uns de ses amis, disant qu'il comptait sur lui pour le seconder. Jacques ne pouvait refuser à son bienfaiteur un service qui, d'ailleurs, était parfaitement payé, et depuis cet instant il travailla avec le marquis à la réalisation de ce grand projet.

Ici l'étranger s'arrêta. J'avais écouté son récit avec la plus grande attention; je me demandais comment il se faisait qu'il fût si bien instruit des détails les plus intimes de la vie de mon cousin; puis ses traits, le son de sa voix, avaient quelque chose de particulier qui ne m'était pas inconnu. Je n'avais jamais vu mon cousin Jacques, ou, si je l'avais vu, j'étais trop jeune pour me rappeler ses traits, que d'ailleurs le temps avait dû bien changer. Cependant, plus j'entendais cet homme, plus je le considérais, plus je me persuadais que j'avais mon cousin devant les yeux. Je ne pus m'empêcher de lui en exprimer mes doutes.

« Eh bien, oui, me dit-il en souriant tristement, je suis votre cousin; et, pour vous le prouver encore mieux, ouvrez ce vieux registre que j'aperçois là, vous verrez au folio 128 *recto* les détails de la somme que j'ai volée à mon père en m'en allant, car je n'ai pas voulu diminuer d'un denier la quantité d'argent que j'emportais.

— Je connais parfaitement cet article, répondis-je, et je n'ai pas besoin de le relire pour être convaincu de votre identité ; et tenez, ajoutai-je, en voici encore une preuve qui, à défaut de toute autre, suffirait amplement. Voyez-vous ce vieux chien, qui depuis quelques instants vous regarde d'un air de connaissance ?

— C'est vrai, dit l'étranger en poussant un profond soupir ; ici, Médor ! ici, mon vieux ! » Et le vieux dogue posa ses deux pattes de devant sur les genoux de son ancien maître, en remuant la queue et en allongeant la tête comme s'il eût sollicité une caresse.

Le cousin Jacques, car c'était bien lui, prit cette tête dans ses mains, la baisa à plusieurs reprises, en disant d'un ton mélancolique :

« Et toi aussi, pauvre Médor, je t'ai bien fait souffrir ! mais tu ne me gardes pas de rancune.

— Maintenant, cousin, m'écriai-je en lui tendant les bras, à notre tour, embrassons-nous ! » Sans me répondre, il se précipita dans mes bras et m'étreignit avec la plus tendre affection.

« A présent, repris-je quand notre mutuelle émotion fut un peu calmée, j'espère que vous allez rester avec moi, et que nous continuerons ensemble le commerce fondé par votre père. Vous savez d'ailleurs que la moitié de ce que je possède vous appartient.

— Merci, cousin, de votre offre et de votre bonne volonté. Je n'ai pas plus envie de redevenir commerçant que soldat... D'ailleurs, ajouta-t-il toujours avec son triste sourire, Jacques Barlier est mort légalement, vous le savez ; il ne peut donc devenir votre associé. Si la grande entreprise à laquelle je travaille réussit, je n'aurai besoin de rien ; je serai dix fois plus riche que vous ; si elle échoue, je reviendrai peut-être mettre à l'épreuve votre bonne volonté. Aujourd'hui le but de mon voyage était simplement d'avoir des nouvelles de mon père ; si je l'eusse trouvé encore en vie, j'aurais imploré son pardon,

et demandé sa bénédiction, car le remords
du crime que j'ai commis envers lui n'a pas
cessé de me poursuivre un seul instant.
Puisqu'il est mort sans que j'aie pu obtenir
cette satisfaction, je vais quitter ce pays,
heureux d'apprendre que mon père a en
vous un digne héritier de son nom et de
son commerce. Maintenant, je vais vous
dire adieu; la seule chose que je vous re-
commande, c'est de garder le secret le plus
profond sur mon existence. »

Je le pressai en vain d'accepter une somme
d'argent.

« Je n'en ai pas besoin, répondit-il en
souriant : j'en ai probablement plus que
vous, » ajouta-t-il en me montrant une
bourse bien garnie de louis d'or.

Je ne l'ai jamais revu depuis ce jour. Six
mois après, je reçus de lui une lettre que je
vais vous lire; elle sera pour vous, mes enfants, la morale que vous devez retirer de
l'histoire des *aventures du cousin Jacques.*

« Mon cher cousin, quand vous lirez ces
« lignes, j'aurai cessé d'exister... Je viens

« encore d'être condamné à mort ; mais cette
« fois il n'y a pas moyen d'éviter l'exécution
« de la sentence. Seulement je vous dirai
« que ma mort n'a rien de déshonorant pour
« ma famille ; d'ailleurs c'est sous le nom de
« François Brisset que j'ai été condamné.

« Depuis que mon sort est décidé, j'ai eu
« le bonheur d'être visité dans ma prison par
« un digne ecclésiastique qui m'a réconcilié
« avec Dieu. A sa voix, ou plutôt à la voix de
« Dieu lui-même qui parlait par la bouche
« de son ministre, mon esprit a été éclairé
« des lumières de la foi, et mon cœur s'est
« rempli d'espérance et d'amour. Oui, mon
« cousin, vous le croirez si vous voulez, rien
« n'est plus vrai cependant, je suis plus
« heureux en ce moment que je ne l'ai été
« depuis bien des années, pendant lesquelles
« j'ai traîné une existence agitée sans cesse
« par la crainte et le remords. J'avais enfreint
« le divin précepte : *Père et mère honoreras ;*
« entraîné par un sot orgueil, j'avais per-
« sisté dans ma faute ; je n'avais pas eu le
« courage d'imiter l'enfant prodigue, et de
« venir à genoux implorer un pardon qui

« m'eût été si facilement accordé ; il était
« juste que je subisse la sanction prononcée
« contre les infracteurs de la loi de Dieu, et
« que je ne *vécusse pas longtemps* sur la
« terre. Aujourd'hui que j'ai fait le sacrifice
« de ma vie en expiation de mes fautes pas-
« sées, en expiation surtout de l'offense que
« j'ai faite à mon père ; aujourd'hui que j'ai
« reçu l'absolution du ministre de Jésus-
« Christ, je me sens soulagé comme d'un
« poids énorme qui m'accablait, et, ainsi que
« je vous le disais tout à l'heure, je suis plus
« heureux que je ne l'ai jamais été.

« Adieu, mon cher cousin ; priez pour
« moi. Dans quelques heures arrivera le
« moment suprême de passer de cette vie à
« l'éternité ; je tremble en pensant combien
« il me reste peu de temps pour m'y pré-
« parer... Cependant j'ai confiance en la
« miséricorde de Dieu ; cet espoir me sou-
« tient, et je remercie Dieu des dernières
« consolations qu'il m'envoie. Adieu pour
« la dernière fois.

« Votre cousin,   Jacques. »

Quelques jours après avoir reçu cette lettre, je lus dans les papiers publics qu'une conspiration contre la vie du premier consul avait été découverte. Au nombre des personnes arrêtées, jugées et exécutées, se trouvaient le marquis de Moussac et François Brisset, son complice. C'était là sans doute cette fameuse entreprise dont il voulait me parler, et dans laquelle il avait été entraîné par son ancien capitaine. En apprenant cette nouvelle, je fis dire une messe de *Requiem* pour le repos de l'âme de notre cousin Jacques; chaque année, depuis cette époque, j'en fais célébrer une semblable pour l'anniversaire; et demain, mes enfants, jour de la Commémoration des fidèles trépassés, nous songerons tous à prier pour lui.

FIN

TABLE

Chapitre I, servant d'introduction. 7
Chap. II. — Les aiguilles et les épingles. 25
Chap. III. — Les excentricités du cousin Jacques. — La semence d'aiguilles et d'épingles. — Liaison de Jacques avec les saltimbanques. — Le singe et le chien. — Attaque de voleurs dans la forêt de Cercotte. 55
Chap. IV. — Qui étaient les voleurs de la forêt. — Nouvelles connaissances que fait le cousin Jacques. — Le sergent recruteur. — Les conseils et la morale de Jolicœur. — Brillant tableau de la vie au 6ᵉ hussards. — Le cousin Jacques s'engage. — Son départ avec le sergent Jolicœur. 79
Chap. V. — La réalité au 6ᵉ hussards. — Le baptême du hussard. — Les explications. — Agréments de la vie de soldat. — Le cousin Jacques déserte, et est condamné à mort par contumace. . . . 107
Chap. VI. — L'oncle Antoine après le départ de son fils. — Le mort vivant. — Fin des aventures du cousin Jacques. 121